1335

PROCESSO CIVIL E
ESTADO CONSTITUCIONAL

M684p   Mitidiero, Daniel
            Processo civil e estado constitucional / Daniel Mitidiero. –
        Porto Alegre: Livraria do Advogado Editora, 2007.
            109 p.; 23 cm.

            ISBN 978-85-7348-470-0

            1. Processo Civil. 2. Direito Constitucional. 3. Direitos e
        garantias individuais. I. Título.

                            CDU - 347.9:342

            Índices para o catálogo sistemático:
        Processo Civil
        Direito Constitucional
        Direitos e garantias individuais

        (Bibliotecária responsável: Marta Roberto, CRB-10/652)

DANIEL MITIDIERO

PROCESSO CIVIL E ESTADO CONSTITUCIONAL

livraria
DO ADVOGADO
editora

Porto Alegre 2007

© Daniel Mitidiero, 2007

Capa, projeto gráfico e diagramação de
Livraria do Advogado Editora

Revisão de
Rosane Marques Borba

Direitos desta edição reservados por
Livraria do Advogado Editora Ltda.
Rua Riachuelo, 1338
90010-273 Porto Alegre RS
Fone/fax: 0800-51-7522
editora@livrariadoadvogado.com.br
www.doadvogado.com.br

Impresso no Brasil / Printed in Brazil

À Escola e ao nosso *caposcuola*,
Prof. Dr. Carlos Alberto Alvaro de Oliveira –
Res severa, verum gaudium.

Sumário

Prólogo 9

Parte I – Estado Constitucional e Controle de Constitucionalidade no Brasil 13
1. Estado Constitucional, Controle de Constitucionalidade e
   Processo Civil no Brasil: do *Iustum Iudicium* à Constituição de 1988 .. 15

Parte II – Processo Civil e Direitos Fundamentais 31
1. A Multifuncionalidade do Direito Fundamental ao Contraditório e a
   Improcedência Liminar (art. 285-A, CPC): Resposta à
   Crítica de José Tesheiner 33

2. Direito Fundamental ao Julgamento Definitivo da Parcela Incontroversa:
   Uma Proposta de Compreensão do art. 273, § 6º, CPC, na Perspectiva
   do Direito Fundamental a um Processo sem Dilações Indevidas
   (art. 5º, LXXVIII, CRFB) 41

3. O Direito Fundamental à Tutela Jurisdicional Satisfativa Interinal de
   Urgência no Estado Constitucional e o Caso Paradigmático do
   Direito Ambiental 59

4. Diálogo das Fontes e Formas de Tutela Jurisdicional no Código de
   Defesa do Consumidor 77

5. Direito Fundamental à Tutela Jurisdicional Adequada e Efetiva, Tutelas
   Jurisdicionais Diferenciadas e Multa Processual para o Cumprimento das
   Obrigações de Pagar Quantia 89

Prólogo

A idéia de publicar esse livro obedeceu a um estalo: surpreendi uma unidade temática entre alguns ensaios que produzi nos últimos tempos e resolvi colocá-los em ordem.

No final do ano de 2005, recebi de presente de Hermes Zaneti Júnior o livro *Il Diritto Mitte – Legge, Diritti, Giustizia*, de Gustavo Zagrebelsky, já então em sua 13ª reimpressão. Li de um só golpe. Depois voltei a ler e a reler, como convém. Glosei suas páginas, anotando o que me pareceu de maior relevo. Reconheci ali então mais um norte para minhas pesquisas em tema de direito processual civil.

Logo em seguida, em 2006, veio a lume a publicação do livro *Teoria Geral do Processo*, de Luiz Guilherme Marinoni, cujo mote está, justamente, na releitura dos institutos fundamentais do processo civil (jurisdição, "ação", defesa e processo) por força do advento do "Estado Constitucional", feliz e expressiva locução criada e trabalhada por Zagrebelsky no livro já mencionado. O texto de Marinoni é, sem dúvida, um dos mais importantes do direito brasileiro atual, e a sua leitura deixou (e deixa) marcas profundas na minha maneira de encarar as relações entre Constituição, teoria do direito e processo civil.

Em realidade, essas obras acabaram amalgamando-se a um caldo de cultura anterior que já apontava, sob uma certa perspectiva, para esses novos rumos (além, é claro, de indicar outros). Por comodidade de linguagem, aludiremos a todo esse manancial de idéias com a expressiva locução "formalismo-valorativo" – projeto de reforma de nosso processo civil, método de pensamento e verdadeira idéia-síntese de Escola, devida a Carlos Alberto Alvaro de Oliveira, que em sua vitoriosa tese de doutoramento propõe, substancialmente, uma nova e fecunda maneira de trabalhar com a nossa disciplina.

Circunscrito ao terreno do processo, aliás, *Do Formalismo no Processo Civil* (e os ensaios que se encontram em apêndice à segunda edição), de Carlos Alberto Alvaro de Oliveira, *Técnica Processual e Tutela dos Direitos* e T*eoria Geral do Processo*, de Luiz Guilherme Marinoni, e *Jurisdição e Execução na Tradição Romano-Canônica* e *Processo e Ideologia*, de Ovídio Araújo Baptista da Silva, são obras que constituem a base de minha formação (ao lado, é claro, dos clássicos *Comentários* do nosso velho Pontes). Reputo-as como as mais significativas contribuições que a nossa doutrina alcançou ao processo no final do século XX e início do século XXI – são, em minha opinião, verdadeiros marcos na ciência brasileira. Os ensaios que constituem esse trabalho refletem, ora mais, ora menos explicitamente, a minha leitura desses importantes processualistas, que tenho a fortuna e a alegria de ter como amigos.

O livro está dividido em duas partes: na primeira, busco caracterizar quatro modelos de Estado e os instrumentos que cada uma dessas ordens jurídicas ligam a cada uma dessas experiências históricas para implementar o Império do Direito (*Rule of Law* com e sem codificação, *Rechtsstaat* e *État de Droit*). Logo em seguida, caracterizo o Estado Constitucional brasileiro como um misto dessas experiências (a nossa "mulatez cultural"[1] também aí se revela nítida e profícua), destacando a importância do controle difuso de constitucionalidade e o seu significado democrático-participativo na construção de uma ordem jurídica preocupada com a cotidiana atualidade dos direitos fundamentais. Na segunda, colijo ensaios que visam a ler determinados institutos de direito processual civil pela lente dos direitos fundamentais. Evidentemente, ninguém mais discute que existe direito fundamental ao processo justo, à tutela jurisdicional efetiva e adequada do direito – cumpre-nos, agora, fazer valer esse direito no foro, no direito que se realiza diuturnamente. E tal passa, segundo penso, por uma problematização do processo que leve em linha de conta a força normativa da Constituição.

Agradeço a Hermes Zaneti Júnior por ter dialogado comigo a respeito do ensaio que abre esse livro. Agradeço, igualmente, a José Tesheiner e a Guilherme Rizzo Amaral por terem me propiciado a oportunidade do debate acadêmico franco e leal – o que fica bastante

---

[1] A expressão é de Roberto DaMatta, "Quem não é mulato?". In: *Tocquevilleanas – Notícias da América: Crônicas e Observações sobre os Estados Unidos*. Rio de Janeiro: Rocco, 2005, p. 276

evidente nos ensaios que versam sobre o direito fundamental ao contraditório e sobre a multa processual prevista no art. 475-J, CPC. Agradeço, ainda, a Artur Carpes, a Carlos Alberto Alvaro de Oliveira, a Daisson Flach, a Gabriel Pintaúde e a Luiz Guilherme Marinoni que, como amigos, debateram aspectos substanciais desse apanhado de textos comigo.

Por fim, agradeço à Vanessa Kerpel Chincoli por ter me feito sorrir (muito!) enquanto escrevia e organizava esse livro. Com afeto.

Porto Alegre, Verão de 2007.

Daniel Mitidiero
danielfcomitidiero@terra.com.br

— Parte I —

Estado Constitucional e Controle de Constitucionalidade no Brasil

1. Estado Constitucional, Controle de Constitucionalidade e Processo Civil no Brasil: do *Iustum Iudicium* à Constituição de 1988

Sumário: Introdução; 1.1. Modelos Básicos de Supremacia do Direito; 1.2. O Estado Constitucional Brasileiro, o Controle de Constitucionalidade dos Atos Estatais e o Direito Processual Civil: do *Iustum Iudicium* à Constituição de 1988; Conclusões; Referências Bibliográficas.

Introdução

O presente ensaio visa a explorar a caracterização dos modelos básicos de supremacia do direito e a maneira como o controle de constitucionalidade opera em cada um desses espaços a fim de cotejá-los com o Estado Constitucional brasileiro, encarado desde a experiência jurídica luso-brasileira até a Constituição de 1988. Sem maiores delongas, é o que se passa desde logo a expor.

1.1. Modelos Básicos de Supremacia do Direito

A supremacia do direito, consoante a lição de Cezar Saldanha Souza Junior, é um aspecto substancial do Estado de Direito,[1] denotada pela "acolhida na Constituição, por consenso da comunidade, de valores éticos supremos do direito como fins últimos da convivência polí-

---

[1] *A Supremacia do Direito no Estado Democrático e seus Modelos Básicos*. Porto Alegre, 2002, p. 42.

tica e – a partir daí – a sujeição ao ordenamento jurídico vigente, por meio de técnicas normativas adequadas, da organização e do funcionamento do Estado e de toda a vida social".[2] Ao longo da historiografia ocidental, essa supremacia busca se articular de diferentes formas, mercê da especificidade cultural de cada povo,[3] isto é, dos fatos sociais e valores que dão azo ao fenômeno jurídico,[4] havendo um certo consenso no constitucionalismo a respeito de, no mínimo, quatro modelos básicos em que essa superioridade pode ser surpreendida: de um lado, o *Rule of Law*, com as suas vertentes sem codificação e codificada; de outro, o *État Légal* e o *Rechtsstaat*.[5]

O modelo do *Rule of Law* é próprio da tradição jurídica do *common law*, ao passo que o *État Légal* e o *Rechtsstaat* são produtos sócio-históricos do mundo romano-canônico.[6] A diferença entre essas tradições (ou famílias ou sistemas, como preferem respectivamente René David[7] e John Gilissen[8]) está, principalmente, na maneira como o direito vem entendido e, bem assim, nos instrumentos jurídicos que presidem uma e outra experiência jurídica.[9]

---

[2] Cezar Saldanha Souza Junior. *A Supremacia do Direito no Estado Democrático e seus Modelos Básicos*. Porto Alegre, 2002, p. 59.

[3] O direito vem hoje apresentado pela doutrina como um fenômeno cultural sem maiores disceptações a respeito, conforme, por todos, Antônio Castanheira Neves, *Metodologia Jurídica – Problemas Fundamentais*. Coimbra: Coimbra Editora, 1993, p. 47: "o direito compete à autonomia cultural do homem, que, tanto no seu sentido como no conteúdo da sua normatividade, é uma resposta culturalmente humana (...) ao problema também humano da convivência no mesmo mundo e num certo espaço histórico-social, e assim sem a necessidade ou a indisponibilidade ontológica, mas antes com a historicidade e condicionabilidade de toda cultura – não é 'descoberto' em termos da objectividade essencial da 'razão teórica' e no domínio da filosofia especulativa ou teorética, é constituído por exigências humano-sociais particulares explicitadas pela 'razão prática' e imputado à responsabilidade poiética da filosofia prática".

[4] Acerca da clássica teoria tridimensional do direito, subjacente ao discurso, consulte-se Miguel Reale, *Lições Preliminares de Direito*, 23. ed. São Paulo: Saraiva, 1996, p. 64/68.

[5] Nesse sentido, Cezar Saldanha Souza Junior, Op. cit., p. 93/96; Rainer Grote, "*Rule of Law, Etat de Droit and Rechtsstaat – The Origins of the Different National Traditions and the Prospects for their Convergence in the Light of Recent Constitutional Developments*", disponível em www.eur.nl/ frg/iacl/papers/grote.html, acesso em 02.10.2005; Luc Heuschling, Etat de Droit, Rechtsstaat, Rule of Law. Paris: Dalloz, 2002, p. 1/27.

[6] Assim, por todos, Cezar Saldanha Souza Júnior, op. cit., p. 74/77.

[7] *Os Grandes Sistemas do Direito Contemporâneo*, tradução de Hermínio A. Carvalho. São Paulo: Martins Fontes, 2002, p. 22.

[8] *Introdução Histórica ao Direito*, tradução de Antônio Manuel Hespanha e L. M. Macaísta Malheiros. Lisboa: Fundação Calouste Gulbenkian, 2003, p. 19.

[9] Nada obstante se verifique hoje uma verdadeira confluência entre essas duas grandes tradições, consoante, por todos, Alessandro Pizzorusso, *Sistemi Giuridici Comparati*. 2. ed. Milano: Giuffrè, 1998, p. 377 e seguintes.

No *common law*, próprio da Inglaterra e dos Estados Unidos, a fonte primária do direito está nos juízes,[10] nos precedentes judiciais, havendo uma legitimação procedimental do direito, orientado pelo senso natural do justo em concreto. O instrumento técnico para constituição do jurídico é o processo, operando o direito com o emprego da cláusula do *due process of law*. Em termos institucionais, o *common law* vem fortemente marcado pela distinção entre o domínio da política e o domínio do direito, cabendo ao Legislativo às deliberações políticas e ao Judiciário às questões jurídicas, tudo à base de um consenso histórico entre essas instituições a respeito dos limites de cada uma dessas atividades.[11]

Na tradição romano-canônica, em que se ensartam a maioria dos países da Europa Ocidental (Itália, França, Alemanha e Espanha, por exemplo), todavia, o direito encontra a sua primeira e mais clara expressão na lei, em um ato formal promanado do Poder Legislativo, partindo-se de uma legitimação material da ordem jurídica, tendo como modelo o *Corpus Iuris Civilis*, de Justiniano, donde se deduz, do abstrato ao concreto, o direito a ser observado. O instrumento de que se vale o jurista para tanto é a legislação, sendo a norma fundamental do sistema jurídico a legalidade. Em termos institucionais, a tradição jurídica romano-canônica tem como órgão supremo de juridicidade o Legislativo, que detém a última palavra não só na matéria política, mas também na jurídica.[12] É significativo, por exemplo, que a Constituição italiana expressamente refira que "*la giustizia è amministrata in nome del popolo*", para, logo em seguida, acrescentar que "*i giudici sono soggetti soltanto alla legge*" (art. 101).

Nesse quadro, o *Rule of Law*, o *État Légal* e o *Rechtsstaat* buscam a concretização do Estado Democrático, fazendo-o, entrementes, engastando-se nas suas próprias especificidades culturais, a que se encontram irremediavelmente coarctados. Todos visam a desvelar, como refere José Joaquim Gomes Canotilho,[13] "os códigos de observação" próprios de cada ordenamento jurídico concreto, vale dizer, o modo

---

[10] Conforme, por todos, R. C. Van Caenegem, *Judges, Legislators & Professors – Chapters in European Legal History*. Cambridge: University Press, 2002, p. 67.

[11] Assim, por todos, Cezar Saldanha Souza Junior, *A Supremacia do Direito no Estado Democrático e seus Modelos Básicos*. Porto Alegre, 2002, p. 78/90.

[12] Nesse sentido, por todos, Cezar Saldanha Souza Junior, op. cit., p. 78/90.

[13] *Direito Constitucional e Teoria da Constituição*. 3. ed. Coimbra: Almedina, 1999, p. 89.

como opera a supremacia do direito em um e outro sistema, alicerçando, por assim dizer, a juridicidade estatal.

No que agora nos interessa, importa notar que o *Rule of Law* sem codificação expressa a supremacia do direito através do *due process*. Significativa essa passagem de Cezar Saldanha Souza Junior: "pode-se conceituar o *Rule of Law* como a forma de supremacia do direito, própria do *common law*, que opera, pelo poder judiciário, mediante a técnica e os meios do processo jurídico devido".[14] À guisa de sublinhar a diferença entre o *common law* e o mundo romano-canônico, escreve ainda Cezar Saldanha Souza Junior que "no *Rule of Law* não há lugar para o princípio da legalidade, o princípio rival do *due process*. Quem estuda o *common law* nada encontra sobre ele, especialmente até a primeira guerra mundial. Agora pode-se entender bem a razão. No *common law*, os *statutes* estão sujeitos ao *judicial review* e ao *rule of exclusion*. Em virtude desses poderes do juiz, a exigência de obedecer ao ato legislativo (que, no Continente, se aproximaria do princípio da legalidade) resolve-se na esfera do *due process*. Com efeito, é o due process que vai definir os termos em que subsiste a obrigação de obedecer a um ato legislativo. Portanto, é o due process o princípio primeiro e fundamental do *Rule of Law*. A legalidade – se é que existe no *common law* – subsume-se como um aspecto do princípio, amplo e configurador, do processo devido".[15]

No *Rule of Law* codificado, em face justamente da existência de uma Constituição escrita, o *judicial review*, próprio do *common law*, resta mais acentuado, denotando uma anchura ainda maior. Com efeito, a combinação de uma Constituição escrita ("codificada", para usarmos uma eloqüente expressão de Giovanni Tarello[16]) com a atribuição ao Judiciário, através do *due process*, da tarefa de velar pela supremacia final direito, fez eclodir a técnica da supremacia da Constituição, estando todos os poderes do Estado submetidos a essa e, pois, suscetíveis às decisões daquele órgão a que pertence o mister de interpretá-la, consoante bem observa Cláudio Ari Mello.[17] Surge, daí, o controle de constitucionalidade pelo Poder Judiciário, atribuído a todos os seus

---

[14] *A Supremacia do Direito no Estado Democrático e seus Modelos Básicos.* Op. cit., p. 104.
[15] Ibidem.
[16] *Storia della Cultura Giuridica Moderna.* Bologna: Il Mulino, 1976, p. 559 e seguintes.
[17] *Democracia Constitucional e Direitos Fundamentais.* Porto Alegre: Livraria do Advogado, 2004, p. 203.

órgãos e, em especial, ao seu tribunal de cúpula. Nasce, na expressão de Gustavo Zagrebelsky,[18] um sistema de *Judicial Review of Legislation*.

Feliz a síntese, nesse passo, de Jorge Miranda: "ao invés da Franca e dos países europeus durante o século XIX, os Estados Unidos vivem quase desde a sua formação sob o princípio da constitucionalidade, isto é, de que as leis e os outros actos do Estado devem estar conformes à Constituição e não devem ser aplicados pelos tribunais no caso de serem desconformes. Nenhum preceito constitucional expresso confere este poder de garantia aos tribunais, prevê o *judicial review*. Não obstante, sólidas razões jurídicas foram invocadas, desde o início, para o sustentar. Foram elas: 1ª) o poder legislativo é um poder *constituído*, que não pode ser exercido em contrário da Constituição, obra do *poder constituinte*; 2ª) os tribunais só podem aplicar leis válidas e são inválidas as leis contrárias à Constituição – que é lei superior a todas as outras leis".[19] Nessa mesma senda, relata Mauro Cappelletti que "a doutrina que está na base do mecanismo de controle judicial 'difuso' de constitucionalidade das leis é, com certeza, muito coerente e de extrema simplicidade: ela foi precisada, com grande clareza, já na motivação da famosa sentença de 1803, redigida por John Marshall, no caso Marbury *versus* Madison, e, ainda antes, tinha sido limpidamente formulada por Alexander Hamilton. Raciocina-se, em última análise, deste modo: a função de todos os juízes é a de interpretar as leis, a fim de aplicá-las aos casos concretos de vez em vez submetidos a seu julgamento; uma das regras mais óbvias da interpretação das leis é aquela segundo a qual, quando duas disposições legislativas estejam em contraste entre si, o juiz deve aplicar a prevalente; tratando-se de disposições de igual força normativa, a prevalente será indicada pelos usuais, tradicionais critérios 'lex posterior derogat legi priori', 'lex specialis derogat legi generali', etc; mas, evidentemente, estes critérios não valem mais – e vale, ao contrário, em seu lugar, o óbvio critério 'lex superior derogat legi inferiori' – quando o contraste seja entre disposições de diversa força normativa: a norma constitucional, quando a Constituição seja 'rígida' e não 'flexível', prevalece sempre sobre a norma ordinária contrastante, do mesmo modo como a lei ordinária

---

[18] *Processo Costituzionale*. In: Enciclopedia del Diritto. Milano: Giuffrè, 1987, p. 568, vol. XXXVI.

[19] *Manual de Direito Constitucional*. 6. ed. Coimbra: Coimbra Editora, 1997, p. 147/148, tomo I.

prevalece, na Itália assim como França, sobre o regulamento, ou seja, na terminologia alemã, as *Gesetze* prevalecem sobre as *Verordnungen*. Logo, conclui-se que qualquer juiz, encontrando-se no dever de decidir um caso em que seja 'relevante' uma norma legislativa ordinária contrastante com a norma constitucional, deve não aplicar a primeira e aplicar, ao invés, a segunda".[20]

Seja como for, importa gizar desde logo aqui quatro aspectos essenciais do que até agora fora dito: no *Rule of Law*, seja qual for a sua vertente, há inafastabilidade da jurisdição (*judicial review*) com o emprego de um devido processo legal (*due process of law*). Agregando-se a esses dois elementos uma Constituição escrita, chega-se ao controle difuso de constitucionalidade, deferido a todos os membros do Poder Judiciário. As principais personagens convocadas para o tablado em que nasce e movimenta-se o direito, nessa vereda, são os juízes. O *Rule of Law*, pois, significa proteção pela via do Judiciário contra "qualquer exercício arbitrário de poder".[21]

As coisas se passam algo diferente na tradição romano-canônica.

No *État Légal*, a garantia da supremacia do direito repousa na garantia de legalidade do próprio Estado,[22] seu instrumento fundamental, cuja legitimidade encontra-se fundada "*sur le postulat de l'existence d'un droit naturel ou droit de la Raison*", como observa Luc Heuschling,[23] sendo esse o seu pressuposto filosófico-jurídico específico, na lição de Antônio Castanheira Neves.[24] Nesse ambiente político, filosófico e metodológico, os juízes limitam-se a vocalizar estritamente as palavras da lei,[25] tendo em conta mesmo dois dos "postulados capitais" da Escola da Exegese, quais sejam, a identificação de todo o direito com a lei e a assunção da exclusividade da lei

---

[20] *O Controle de Constitucionalidade das Leis no Direito Comparado*, tradução de Aroldo Plínio Gonçalves. 2. ed. Porto Alegre: Sergio Antonio Fabris Editor, 1999, p. 75/76.

[21] Jorge Miranda, *Manual de Direito Constitucional*. 6. ed. Coimbra: Coimbra Editora, 1997, p. 130, tomo I.

[22] Nesse sentido, por todos, Cezar Saldanha Souza Junior, *A Supremacia do Direito no Estado Democrático e seus Modelos Básicos*. Op. cit., p. 133.

[23] État de Droit, Rechtsstaat, *Rule of Law*. Paris: Dalloz, 2002, p. 335.

[24] *Escola da Exegese*. In: Digesta – Escritos acerca do Direito, do Pensamento Jurídico, da sua Metodologia e Outros. Coimbra: Coimbra Editora, 1995, p. 181, vol. II.

[25] Conforme, por todos, R. C. Van Caenegem, *Judges, Legislators & Professors – Chapters in European Legal History*. Cambridge: University Press, 2002, p. 89. Dessa premissa decorre, aliás, o "fantasma do sentido literal" de que nos fala François Rigaux, A Lei dos Juízes. Lisboa: Instituto Piaget, 2000, p. 280.

como único critério jurídico possível.[26] Em decorrência desse papel central outorgado à legalidade e da dimensão minimalista do Judiciário, o *État Légal* desconhece um controle de constitucionalidade da lei propriamente dita, cifrando-se à aferição da conformidade do projeto de lei à Constituição, relegando-o ainda a órgão não-jurisdicional.[27]

No que agora nos interessa, importa observar que o modelo do *État Légal* repousa a sua tônica sobre o legislador,[28] principal artífice da ordem jurídica francesa da Idade Moderna, decorrência inexorável da ruptura histórica advinda da Revolução de 1789.[29] Conseqüência dessa impostação pode ser observada, na pragmática jurídica, no fato, bem anotado por José Joaquim Gomes Canotilho,[30] de que mesmo a supremacia constitucional francesa cede à primazia legal. Expressivamente, diz-se que a força normativa da Constituição vai verdadeiramente "neutralizada" pelo *État Légal*, na arguta e irônica apreciação de Canotilho.[31]

O *Rechtsstaat*, de seu turno, experimentou uma formação diversa tanto do *Rule of Law* como do *état legal*, o que se prestou a forjar diferentes soluções em tema de supremacia do direito e, notadamente, da Constituição. Desde logo, mostra-se importante observar que o direito alemão, de um modo geral, é o direito dos juristas alemães, dos letrados, dos professores de direito, como refere Franz Wieacker,[32] no

---

[26] Assim, Antônio Castanheira Neves, *Escola da Exegese*. In: Digesta – Escritos acerca do Direito, do Pensamento Jurídico, da sua Metodologia e Outros. Coimbra: Coimbra Editora, 1995, p. 183/184, vol. II.

[27] Nesse sentido, por todos, Cezar Saldanha Souza Júnior, *A Supremacia do Direito no Estado Democrático e seus Modelos Básicos*. Op. cit., p. 140.

[28] Assim, R. C. Van Caenegem, *Judges, Legislators & Professors – Chapters in European Legal History*. Cambridge: University Press, 2002, p. 67.

[29] No fundo, a crença no legislador e na sua capacidade de resolver todos os problemas sociais no plano jurídico *a priori* não passava de uma projeção, no campo do direito, da ideologia racionalista e secular própria da "Era das Revoluções" (pela qual existia o convencimento "da capacidade dos homens em princípio para compreender tudo e solucionar todos os problemas pelo uso da razão"), filosoficamente fulcrada no modelo das ciências matemática e física, vitorioso na Revolução do século XVII (conforme, por todos, Eric Hobsbawm, *A Era das Revoluções (1748-1848)*, tradução de Maria Tereza Lopes Teixeira e Marcos Penchel. 20. ed. São Paulo: Paz e Terra, 2006, p. 326).

[30] *Direito Constitucional e Teoria da Constituição*. 3. ed. Coimbra: Almedina, 1999, p. 92.

[31] Ibidem.

[32] *História do Direito Privado Moderno*, tradução de Antônio M. Hespanha. 2. ed. Lisboa: Fundação Calouste Gulbenkian, 1993, p. 65/66. Na Alemanha, com efeito, da "competição" entre legisladores, juízes e professores, de que nos fala R. C. Van Caenegem, a classe acadêmica saíra vitoriosa (*Uma Introdução Histórica ao Direito Privado*, tradução de Carlos Eduardo Lima Machado, revisão de Eduardo Brandão. 2. ed. São Paulo: Martins Fontes, 2000, p. 243 e seguintes).

quando da apreciação das fontes medievais do direito moderno alemão. Ao contrário do *État Légal*, que nasce da legalidade estatal, entendida essa como expressão de uma revolução que toma o poder do Estado, o *Rechtsstaat* é fruto de uma elaboração jurídico-doutrinária a partir de textos histórico-jurídicos que prescindem, em um primeiro momento, da chancela estatal para se constituírem como direito, sendo produto de uma gradual evolução.[33] O *Rechtsstaat* alemão nasce, pois, de um centro de poder não-estatal: é emblemático e significativo que o Tribunal Cameral do Império (*Reichskammergericht*), do século XV (precisamente, de 1495), seja, na apreciação da doutrina, um Tribunal diverso do Tribunal do próprio Rei, consoante demonstra a substanciosa pesquisa de Luís Afonso Heck a respeito do tema.[34]

Essa especial característica do direito alemão não é, de modo algum, isenta de profundas conseqüências. Consoante leciona Cezar Saldanha Souza Junior, pontuando as diferenças entre os modelos francês e alemão, "a primeira está em que, no *État legal*, a supremacia do direito é a supremacia da lei. A lei goza de uma supremacia fechada sobre si mesma, que não reconhece limites jurídicos superiores. Esta supremacia absoluta do princípio da legalidade decorre da presunção de que, sendo expressão da *vontade geral*, ou seja, da soberania nacional, a lei não pode errar, pois a nação – a sua vontade – é a fonte de todo o direito e de toda a justiça. O *Rechtsstaat*, ao contrário, trabalha a legalidade positiva sobre o pano de fundo de uma supralegalidade. Eis tudo: no *Rechtsstaat* o direito não se esgota na legalidade. Esta abre-se à supralegalidade".[35] E essa supralegalidade, principal traço distintivo entre o *Rechtsstaat* e o *État Légal*, vai acabar institucionalizada no Tribunal Constitucional, órgão a que cabe, de maneira concentrada, exercer a jurisdição constitucional.[36]

Em resumo, pode-se afirmar que a supralegalidade do *Rechtsstaat* encontrou resposta na jurisdição constitucional concentrada do Tribu-

---

[33] Nessa quadra, papel central ostentava o *Corpus Juris Civilis*, considerado mesmo como a "cornerstone of modern german law", conforme R. C. Van Caenegem, *Judges, Legislators & Professors – Chapters in European Legal History*. Cambridge: University Press, 2002, p. 72.

[34] Consulte-se: *O Tribunal Constitucional Federal e o Desenvolvimento dos Princípios Constitucionais – Contributo para uma Compreensão da Jurisdição Constitucional Federal Alemã*. Porto Alegre: Sergio Antonio Fabris Editor, 1995, p. 33/38.

[35] *A Supremacia do Direito no Estado Democrático e seus Modelos Básicos*. Porto Alegre, 2002, p. 155/156.

[36] Assim, Cezar Saldanha Souza Junior, *A Supremacia do Direito no Estado Democrático e seus Modelos Básicos*. Op. cit., p. 172.

nal Constitucional, com o que se deu a plena institucionalização do *verfassungsstaat*. A supremacia do direito, na Alemanha, é uma supremacia da Constituição assegurada pelo Tribunal Constitucional, pelo poder de seus juízes de corrigir a *loi écrite*,[37] fato que levou Luc Heuschling mesmo a nomear o Estado de Direito alemão como um verdadeiro Estado de Juízes (*richterstaat*).[38]

1.2. O Estado Constitucional Brasileiro, o Controle de Constitucionalidade dos Atos Estatais e o Direito Processual Civil: do *Iustum Iudicium* à Constituição de 1988

Traçado esse apertado quadro a respeito dos possíveis modelos de supremacia do direito, resta-nos observar se a forma brasileira de Estado Constitucional subsume-se a algum deles ou, ao revés, constitui um modelo misto, mercê dessa ou daquela especificidade cultural. A questão é fundamental: dela depende a adequação dos meios empregados pelo constituinte para o controle da constitucionalidade das leis e dos atos estatais em geral em nosso país.

A história do direito brasileiro não pode ser contada "desde as sementes", porque já "nasceu do galho de planta, que o colonizador português – gente de rija têmpera, no ativo século XVI e naquela cansado século XVII em que se completa o descobrimento da América – trouxe e enxertou no novo continente", como alerta Pontes de Miranda.[39] Uma volta às sementes, pois, se afigura de todo imprescindível.

O imaginário político em Portugal dos séculos XIII a XVIII, como observa Antônio Hespanha,[40] tinha sua pedra angular no conceito de *iurisdictio* e de *iudicium*, tendo em conta a identificação corrente que se levava a efeito entre *iustitia* e *officium regni*. Toda atividade de poder especificava-se em uma atividade processualizada, submetendo-se ao *iustum iudicium*, cujo pano de fundo eram as Ordenações do Reino.

---

[37] Nesse sentido, Luc Heuschling, État de Droit, Rechtsstaat, *Rule of Law*. Paris: Dalloz, 2002, p. 162.
[38] Idem, p. 159.
[39] *Fontes e Evolução do Direito Civil Brasileiro*. 2. ed. Rio de Janeiro: Forense, 1981, p. 27.
[40] *Justiça e Administração entre o Antigo Regime e a Revolução*. In: Hespanha, Antônio (org.), Justiça e Litigiosidade: História e Prospectiva. Lisboa: Fundação Calouste Gulbenkian, 1993, p. 385.

Esse é um traço digno de nota que permeia, em geral, todo o direito comum: a "jurisdicionalidade" da ordem jurídica, para usarmos uma expressão de Antônio Hespanha, já que, em geral, os atos estatais se submetiam ao juízo, inclusive quando em jogo algumas questões de ordem estritamente política.[41] Não causa espécie, pois, consoante anota Nicola Picardi,[42] que estudos historiográficos recentes estejam a colocar em evidência uma continuidade *sorprendente* entre o direito comum e o direito próprio do *common law*.

Em Portugal, passado o Antigo Regime, seguiu-se o "período de influência iluminista", consoante observa Nuno J. Espinosa Gomes da Silva,[43] cuja expressão mais clara é a Lei da Boa Razão, de 18 de agosto de 1769, o que, no Brasil, não se verificou de todo, na medida em que as Ordenações do Reino continuaram tendo vigência entre nós. Vale dizer: o direito comum continuou tendo largo curso no Brasil e, com ele, a jurisdicionalidade do direito.

Tirante a Constituição Imperial de 1824, de vigência algo curta, a Constituição Republicana de 1891, de notória influência norte-americana, retoma a tradição do *iustum iudicium*, submetendo à revisão do Poder Judiciário todos os atos de poder do Estado. De certa forma, o *judicial review* posto na Constituição de 1891 retoma a linha do *iustum iudicium* do direito comum, não podendo ser considerado, pois, algo estranho à história do direito brasileiro.

Com o controle difuso de constitucionalidade adjudicado a todos os órgãos do Poder Judiciário, nasce a supremacia do direito no Estado Democrático e Social de Direito brasileiro. Antes, na Constituição de 1824, consoante anota Gilmar Ferreira Mendes,[44] inexistia qualquer sistema de controle de constitucionalidade dos atos normativos do poder público, estando consagrado, nessa perspectiva, o "dogma da soberania do Parlamento", próprio do modelo do *État Légal* francês (ressalvadas, é claro, pontuais intervenções do Poder Moderador).

---

[41] Conforme, por todos, Antônio Hespanha, *Justiça e Administração entre o Antigo Regime e a Revolução*. In: Hespanha, Antônio (org.), Justiça e Litigiosidade: História e Prospectiva. Lisboa: Fundação Calouste Gulbenkian, 1993, p. 386.

[42] *Processo. I – Processo Civile: c) Diritto Moderno*. In: Enciclopedia del Diritto. Milano: Giuffrè, 1987, p. 102, vol. XXXVI.

[43] *História do Direito Português*. Lisboa: Fundação Calouste Gulbenkian, 1985, p. 264, vol. I.

[44] *A Evolução do Direito Constitucional Brasileiro e o Controle de Constitucionalidade da Lei*. In: Direitos Fundamentais e Controle de Constitucionalidade – Estudos de Direito Constitucional. São Paulo: Saraiva, 2004, p. 189/190.

Da Constituição de 1891 à Constituição de 1988 passou o controle difuso de constitucionalidade sem qualquer interrupção, juntando-se a esse, com a Constituição de 1946, o controle concentrado de constitucionalidade. Essa especial estabilidade do controle difuso de constitucionalidade não é, de modo algum, um acidente histórico no direito brasileiro ou uma importação irresponsável do modelo norte-americano. Aliás, esse é mesmo essencial e "imprescindível", na abalizada apreciação de Luiz Guilherme Marinoni,[45] na jurisdição do Estado Constitucional brasileiro, preocupado em que "toda e qualquer demanda seja definida à luz de uma lei com contornos definidos pelos princípios de justiça e pelos direitos fundamentais".

Com efeito, desde a Constituição de 1891 (em realidade, como anota Gilmar Ferreira Mendes,[46] desde a chamada Constituição Provisória de 1890), temos como norma fundante do sistema jurídico brasileiro o *judicial review*, que assegura a revisibilidade dos atos estatais que desbordem da juridicidade constitucional. Essa tomada de posição é tão relevante que Humberto Ávila,[47] cuidando da intensidade do controle exercido pelo Poder Judiciário sobre os atos dos demais poderes, afirma-o sempre existente, dado que o cidadão, no Estado Constitucional brasileiro, não pode ficar à mercê da arbitrariedade estatal. Ademais, típico produto do modelo de Estado Constitucional brasileiro é, ainda, a ação de mandado de segurança, cujo pressuposto está mesmo na possibilidade de revisão dos atos estatais pelo Poder Judiciário, quiçá se alçando mão do controle difuso de constitucionalidade.

Note-se: a Constituição de 1988 não submete o juiz à legalidade estrita (embora nosso Código de Processo Civil tenha tentado fazê-lo em 1973, art. 126, numa tardia e verdadeira "invasão napoleônica", consoante já anotamos alhures),[48] submetendo-o apenas à Constituição, cuja incolumidade deve velar com o emprego do *judicial review* (art. 5º, XXXV). Aliás, não é por outro motivo que, comentando o art. 126, CPC, grifamos que o juiz brasileiro está submetido a um sistema

---

[45] *A Jurisdição no Estado Constitucional*. In: Revista Processo e Constituição. Porto Alegre: Faculdade de Direito UFRGS, 2005, p. 161, n. 2.

[46] *A Evolução do Direito Constitucional Brasileiro e o Controle de Constitucionalidade das Leis*. In: Direitos Fundamentais e Controle de Constitucionalidade – Estudos de Direito Constitucional. São Paulo: Saraiva, 2004, p. 190.

[47] *Teoria dos Princípios – Da Definição à Aplicação dos Princípios Jurídicos*. 4. ed. São Paulo: Malheiros, 2004, p. 125/127.

[48] Daniel Mitidiero, *Elementos para uma Teoria Contemporânea do Processo Civil Brasileiro*. Porto Alegre: Livraria do Advogado, 2005, p. 36.

de juridicidade, e não de legalidade,[49] na esteira de Carlos Alberto Alvaro de Oliveira,[50] José Joaquim Gomes Canotilho[51] e Pontes de Miranda.[52] É como diz Pontes: "o princípio de que o juiz está sujeito à lei é, ainda onde o meteram nas Constituições, algo de 'guia de viajantes', de itinerário, que muito serve, porém não sempre",[53] porque o círculo da juridicidade, como observa Carlos Alberto Alvaro de Oliveira,[54] é mais generoso que o círculo da legalidade.

No direito brasileiro, pois, em que o modelo de supremacia de direito não se confunde nem com o modelo do *État Légal*, do *Rechtsstaat* e do *Rule of Law*, sendo um modelo próprio de supremacia do direito,[55] não calha argumentar contra o controle difuso alegando-se um pretenso sistema de legalidade do Judiciário brasileiro, como o fez, na Itália, Gustavo Zagrebelsky.[56] Não temos, na Constituição brasileira, dispositivo semelhante ao art. 101 da Constituição italiana; do contrário, temos o art. 5º, XXXV, CRFB, que garante a inafastabilidade da tutela jurisdicional.

Cumpre argumentar, de postremeiro, que o controle difuso de constitucionalidade é o mais democrático, sendo, dessarte, o mais impregnado de legitimidade.[57] Deveras, ao lado da democracia representativa, ideal próprio do Estado Moderno, ganha força a democracia participativa, própria do Estado Contemporâneo, verdadeiro direito de quarta dimensão, que incentiva os cidadãos a participarem diretamente no manejo de poder do Estado, dando legitimidade à normatividade

---

[49] Daniel Mitidiero, *Comentários ao Código de Processo Civil*. São Paulo: Memória Jurídica Editora, 2004, p. 532/534, tomo I.
[50] *Do Formalismo no Processo Civil*. 2. ed. São Paulo: Saraiva, 2003, p. 214/215.
[51] *Direito Constitucional e Teoria da Constituição*. 3. ed. Coimbra: Almedina, 1999, p. 239/241.
[52] *Tratado da Ação Rescisória das Sentenças e de Outras Decisões*. 5. ed. Rio de Janeiro: Forense, 1976, p. 266.
[53] Ibidem.
[54] *Do Formalismo no Processo Civil*. 2. ed. São Paulo: Saraiva, 2003, p. 215.
[55] Tal é a tese brilhantemente defendida por Hermes Zaneti Júnior, A Constitucionalização do Processo: a Virada do Paradigma Racional e Político no Processo Civil Brasileiro do Estado Democrático de Direito. Tese de Doutorado, Faculdade de Direito da Universidade Federal do Rio Grande do Sul, 2005, *passim*; contra, defendendo a inexistência de modelos mistos de supremacia do direito, Cezar Saldanha Souza Júnior, A Supremacia do Direito no Estado Democrático e seus Modelos Básicos. Porto Alegre, 2002, p. 186/187.
[56] *Processo Costituzionale*. In: Enciclopedia del Diritto. Milano: Giuffrè, 1987, p. 568, vol. XXXVI.
[57] Conforme, por todos, Paulo Bonavides, *Teoria do Estado*. 5. ed. São Paulo: Malheiros, 2004, p. 69.

construída pela via hermenêutica.[58] Não é à toa, pois, que Carlos Alberto Alvaro de Oliveira vê no contraditório o fator legitimante das decisões judiciárias, já que esse possibilita a participação direta dos interessados na construção das decisões jurisdicionais.[59] É significativo, igualmente, que Ovídio Araújo Baptista da Silva entenda "indispensável, e mais do indispensável, urgente, formar juristas que não sejam, como agora, técnicos sem princípios, meros intérpretes passivos de textos, em última análise, escravos do poder (Michel Villey, *Leçons d'historie de la philosophie du droit*, Paris, 1957, p. 109), pois o servilismo judicial frente ao império da lei anula o Poder Judiciário que, em nossas circunstâncias históricas, tornou-se o mais democrático dos três ramos do Poder estatal, já que, frente ao momento de crise estrutural e endêmica vivida pelas democracias representativas, o livro acesso ao Poder Judiciário, constitucionalmente garantido, é o espaço mais autêntico para o exercício da verdadeira cidadania".[60]

Com efeito, sem o controle difuso de constitucionalidade dos atos estatais, o Estado Constitucional brasileiro estaria fortemente ameaçado, o que impõe o seu reconhecimento como algo inerente à nossa tradição cultural, sem embargo das respeitáveis opiniões em contrário.[61] A construção cotidiana de nosso Estado Constitucional depende de nosso "sentimento constitucional",[62] de o vivenciarmos e cultivá-lo a cada passo de nossa vida jurídico-social.

Conclusões

Tudo sopesado, parece-nos que, tendo em conta a especificidade da nossa história constitucional e dos remédios que a Constituição

---

[58] Conforme, por todos, Paulo Bonavides, *Teoria do Estado*. 5. ed. São Paulo: Malheiros, 2004, p. 490/492; mais detalhadamente, consulte-se Paulo Bonavides, *Teoria Constitucional da Democracia Participativa – Por um Direito Constitucional de Luta e Resistência*. Por uma Nova Hermenêutica. Por uma Repolitização da Legitimidade. 2. ed. São Paulo: Malheiros, 2003, p. 25 e seguintes.

[59] Assim, *A Garantia do Contraditório*. In: Do Formalismo no Processo Civil. 2. ed. São Paulo: Saraiva, 2003, p. 227/241.

[60] *Jurisdição e Execução na Tradição Romano-Canônica*. 2. ed. São Paulo: Revista dos Tribunais, 1997, p. 219.

[61] Pela inadequação do controle difuso de constitucionalidade no direito brasileiro, vide, por todos, Cezar Saldanha Souza Junior, *O Tribunal Constitucional como Poder – Uma Nova Teoria da Divisão dos Poderes*. São Paulo: Memória Jurídica Editora, 2002, p. 138/140.

[62] A expressão é de Pablo Lucas Verdú, *O Sentimento Constitucional – Aproximação ao Estudo do Sentir Constitucional como Modo de Integração Política*, tradução de Agassiz Almeida Filho. Rio de Janeiro: Forense, 2004, p. 75.

outorga para o controle do manejo do poder estatal, não há como afeiçoar o Estado Constitucional brasileiro a qualquer dos quatro modelos conhecidos (*Rule of Law* codificado e sem codificação, *État Légal* ou *Rechtsstaat*), sendo o nosso modelo de supremacia do direito um modelo próprio, dadas as peculiaridades já ressaltadas. O controle difuso de constitucionalidade, nessa senda, está na essência do constitucionalismo brasileiro, conformando tanto o direito material como o direito processual civil, haja vista a influência que esse exerce na configuração dos institutos desses ramos, forjada pela força normativa da Constituição e pela concretização, em nossa vida social, da eficácia dos direitos fundamentais.

Referências Bibliográficas

ALVARO DE OLIVEIRA, Carlos Alberto. *Do Formalismo no Processo Civil*. 2. ed. São Paulo: Saraiva, 2003.

———. *A Garantia do Contraditório*. In: Do Formalismo no Processo Civil. 2. ed. São Paulo: Saraiva, 2003.

ÁVILA, Humberto. *Teoria dos Princípios – Da Definição à Aplicação dos Princípios Jurídicos*. 4. ed. São Paulo: Malheiros, 2004.

BAPTISTA DA SILVA, Ovídio Araújo. *Jurisdição e Execução na Tradição Romano-Canônica*. 2. ed. São Paulo: Revista dos Tribunais, 1997.

BONAVIDES, Paulo. *Teoria Constitucional da Democracia Participativa – Por um Direito Constitucional de Luta e Resistência*. Por uma Nova Hermenêutica. Por uma Repolitização da Legitimidade. 2. ed. São Paulo: Malheiros, 2003.

———. *Teoria do Estado*. 5. ed. São Paulo: Malheiros, 2004.

CANOTILHO, José Joaquim Gomes. *Direito Constitucional e Teoria da Constituição*. 3. ed. Coimbra: Almedina, 1999.

CAPPELLETTI, Mauro. *O Controle de Constitucionalidade das Leis no Direito Comparado*, tradução de Aroldo Plínio Gonçalves. 2. ed. Porto Alegre: Sergio Antonio Fabris Editor, 1999.

CASTANHEIRA NEVES, Antônio. *Metodologia Jurídica – Problemas Fundamentais*. Coimbra: Coimbra Editora, 1993.

———. *Escola da Exegese*. In: Digesta – Escritos acerca do Direito, do Pensamento Jurídico, da sua Metodologia e Outros. Coimbra: Coimbra Editora, 1995, vol. II.

DAVID, René. *Os Grandes Sistemas do Direito Contemporâneo*, tradução de Hermínio A. Carvalho. São Paulo: Martins Fontes, 2002.

GILISSEN, John. *Introdução Histórica ao Direito*, tradução de Antônio Manuel Hespanha e L. M. Macaísta Malheiros. Lisboa: Fundação Calouste Gulbenkian, 2003.

GOMES DA SILVA, Nuno J. Espinosa. *História do Direito Português*. Lisboa: Fundação Calouste Gulbenkian, 1985, vol. I.

GROTE, Rainer. *Rule of Law,* Etat de Droit and Rechtsstaat – The Origins of the Different National Traditions and the Prospects for their Convergence in the Light of Recent Constitucional Developments, disponível em www.eur.nl/frg/iacl/papers/grote.html, acesso em 02.10.2005.

HECK, Luís Afonso. *O Tribunal Constitucional Federal e o Desenvolvimento dos Princípios Constitucionais – Contributo para uma Compreensão da Jurisdição Constitucional Federal Alemã.* Porto Alegre: Sérgio Antônio Fabris Editor, 1995.

HESPANHA, Antônio. *Justiça e Administração entre o Antigo Regime e a Revolução.* In: HESPANHA, Antônio (org.), Justiça e Litigiosidade: História e Prospectiva. Lisboa: Fundação Calouste Gulbenkian, 1993.

HEUSCHILING, Luc. Etat de Droit, Rechtsstaat. *Rule of Law.* Paris: Dalloz, 2002.

HOBSBAWM, Eric. *A Era das Revoluções (1748-1848),* tradução de Maria Tereza Lopes Teixeira e Marcos Penchel. 20. ed. São Paulo: Paz e Terra, 2006.

MARINONI, Luiz Guilherme. *A Jurisdição no Estado Constitucional.* In: Revista Processo e Constituição. Porto Alegre: Faculdade de Direito UFRGS, 2005, n. 2.

MELLO, Cláudio Ari. *Democracia Constitucional e Direitos Fundamentais.* Porto Alegre: Livraria do Advogado, 2004.

MENDES, Gilmar Ferreira. *A Evolução do Direito Constitucional Brasileiro e o Controle de Constitucionalidade da Lei.* In: Direitos Fundamentais e Controle de Constitucionalidade – Estudos de Direito Constitucional. São Paulo: Saraiva, 2004.

MIRANDA, Jorge. *Manual de Direito Constitucional.* 6. ed. Coimbra: Coimbra Editora, 1997, tomo I.

MITIDIERO, Daniel. *Comentários ao Código de Processo Civil.* São Paulo: Memória Jurídica Editora, 2004, tomo I.

―――. *Elementos para uma Teoria Contemporânea do Processo Civil Brasileiro.* Porto Alegre: Livraria do Advogado, 2005.

PICARDI, Nicola. *"Processo. I – Processo Civile: c) Diritto Moderno".* In: Enciclopedia del Diritto. Milano: Giuffrè, 1987, vol. XXXVI.

PIZZORUSSO, Alessandro. *Sistemi Giuridici Comparati.* 2. ed. Milano: Giuffrè, 1998.

PONTES DE MIRANDA, Francisco Cavalcanti. *Tratado da Ação Rescisória das Sentenças e de Outras Decisões.* 5. ed. Rio de Janeiro: Forense, 1976.

―――. *Fontes e Evolução do Direito Civil Brasileiro.* 2. ed. Rio de Janeiro: Forense, 1981.

REALE, Miguel. *Lições Preliminares de Direito.* 23. ed. São Paulo: Saraiva, 1996.

RIGAUX, François. *A Lei dos Juízes.* Lisboa: Instituto Piaget, 2000.

SOUZA JUNIOR, Cezar Saldanha. *A Supremacia do Direito no Estado Democrático e seus Modelos Básicos.* Porto Alegre, 2002.

―――. *O Tribunal Constitucional como Poder – Uma Nova Teoria da Divisão dos Poderes.* São Paulo: Memória Jurídica Editora, 2002.

TARELLO, Giovanni. *Storia della Cultura Giuridica Moderna.* Bologna: Il Mulino, 1976.

VAN CAENEGEM, R. C. *Uma Introdução Histórica ao Direito Privado,* tradução de Carlos Eduardo Lima Machado, revisão de Eduardo Brandão. 2. ed. São Paulo: Martins Fontes, 2000.

———. *Judges, Legislators & Professors – Chapters in European Legal History*. Cambridge: University Press, 2002.

VERDÚ, Pablo Lucas. *O Sentimento Constitucional – Aproximação ao Estudo do Sentir Constitucional como Modo de Integração Política*, tradução de Agassiz Almeida Filho. Rio de Janeiro: Forense, 2004.

WIEACKER, Franz. *História do Direito Privado Moderno*, tradução de Antônio M. Hespanha. 2. ed. Lisboa: Fundação Calouste Gulbenkian, 1993.

ZANETI JÚNIOR, Hermes. *A Constitucionalização do Processo*: a Virada do Paradigma Racional e Político no Processo Civil Brasileiro do Estado Democrático de Direito. Tese de Doutorado, Faculdade de Direito da Universidade Federal do Rio Grande do Sul, 2005.

ZAGREBELSKY, Gustavo. *Processo Costituzionale*. In: Enciclopedia del Diritto. Milano: Giuffrè, 1987, vol. XXXVI.

— Parte II —

Processo Civil e Direitos Fundamentais

1. A Multifuncionalidade do Direito Fundamental ao Contraditório e a Improcedência Liminar (art. 285-A, CPC): Resposta à Crítica de José Tesheiner

Sumário: Introdução; 1.1. Nosso Comentário ao Art. 285-A, CPC; 1.2. A Crítica de José Tesheiner; 1.3. A Crítica da Crítica: A Multifuncionalidade do Direito Fundamental ao Contraditório; Observações Finais; Referências Bibliográficas.

Introdução

O presente ensaio visa a defender a inconstitucionalidade do art. 285-A, CPC, partindo da idéia de processo como *actum trium personarum*, democrático, cooperativo e permeado pelo contraditório, entendido esse último como um direito fundamental atinente tanto ao demandante como ao demandado. Com esse desiderato, toma como pano de fundo um breve diálogo que encetamos virtualmente com José Tesheiner sobre o assunto, acrescido de notas e algumas outras observações não-constantes do debate na via eletrônica.

1.1. Nosso Comentário ao Art. 285-A, CPC

À guisa de comentar o art. 285-A, inserido em nosso Código de Processo Civil à força da Lei n. 11.277, de 2006, escrevemos, no que agora especialmente nos interessa: "Tal dispositivo tem por desiderato racionalizar o serviço judiciário, tornando-o mais eficiente. Não nos parece, contudo, que o art. 285-A, CPC, participe da 'efetividade virtuosa', a que a Constituição expressamente empresta guarida. Parece-nos, antes, que esse expediente de sumarização instrumental guarda relação justamente com a outra face da efetividade, identificada outrora por Carlos Alberto Alvaro de Oliveira como 'efetividade perniciosa', que se encontra em aberto conflito com os direitos fundamentais encartados em nosso formalismo processual. Com efeito, a pretexto de agilizar o andamento dos feitos, pretende o legislador sufocar o caráter dialético do processo, em que o diálogo judiciário, pautado pelos direitos fundamentais, propicia ambiente de excelência para reconstrução da ordem jurídica e conseguinte obtenção de decisões justas. Aniquila-se o contraditório, subtraindo-se das partes o poder de convencer o órgão jurisdicional do acerto de seus argumentos. Substitui-se, em suma, a acertada combinação de uma legitimação material e processual das decisões judiciais por uma questionável legitimação pela eficiência do aparato judiciário, que, de seu turno, pode facilmente desembocar na supressão do caráter axiológico e ético do processo e de sua vocação para ponto de confluência de direitos fundamentais. Afora essa flagrante inconstitucionalidade, temos que fora desacertada igualmente a escolha do parâmetro autorizador do julgamento de improcedência liminar das demandas repetitivas. Com efeito, seria menos desastroso tivesse o legislador aludido a súmulas de jurisprudência dos Tribunais Superiores, à jurisprudência desses Tribunais ou mesmo dos Tribunais de Apelação no lugar de sentenças de primeiro grau, dada a ampla revisibilidade a que essas se encontram sujeitas no direito brasileiro. Pense-se, por exemplo, no grave inconveniente de terem-se, no juízo de primeiro grau, julgamentos liminares com fulcro no artigo em comento em conflito com a jurisprudência do Tribunal a que se liga o órgão jurisdicional de primeira instância ou, *a fortiori*, contrários a súmulas dos Tribunais Superiores. Aí haverá, iniludivelmente, desserviço à boa administração da justiça".[1]

Nessa quadra, igualmente apontando possíveis violações a direitos fundamentais com a inserção do precitado dispositivo, já teve a oportunidade de se manifestar parcela da doutrina. Luiz Rodrigues

---

[1] Daniel Mitidiero, *Comentários ao Código de Processo Civil*. São Paulo: Memória Jurídica Editora, 2006, p. 173/174, tomo III (arts. 270 a 331).

Wambier, Teresa Arruda Alvim Wambier e José Miguel Garcia Medina, por exemplo, entendem que o art. 285-A "é uma demonstração eloqüente e lamentável da tentativa de resolver os grandes problemas estruturais do País (inclusive do processo) *pela via da negativa de fruição de garantias constitucionais*".[2]

1.2. A Crítica de José Tesheiner

Ante o que sustentamos, José Tesheiner, processualista de escol e de nossa viva estima e admiração, asseverou: "Tem razão o Comentarista, quando afirma que teria sido preferível que o legislador houvesse aludido à jurisprudência dos tribunais, dada a ampla revisibilidade a que essas se encontram sujeitas no direito brasileiro. Espera-se que o inconveniente seja afastado na prática, porque os juízes certamente compreenderão que estarão tumultuando o processo, se proferirem julgamentos de improcedência, *in limine*, antevendo reforma pela instância superior. Tem razão também o Autor, ao explicar que se dispensa a citação do réu, porque do julgamento de improcedência não decorre risco à esfera jurídica do demandado. Não tem razão, quando acena para a inconstitucionalidade do dispositivo, a pretexto de contrariedade ao caráter dialético do processo. Sem dúvida, é de extraordinária importância o princípio do contraditório. O aforismo '*audiatur et altera pars*' é expressão de sabedoria milenar. É comum, no exercício da jurisdição, parecer ao juiz, à leitura da inicial, que o demandante está forrado de razão, até o momento em que ouve o réu e se depara com versão inteiramente diversa, dos fatos e do Direito. Inelimin ável, portanto, o caráter dialético do processo. Contudo, o réu precisa ser ouvido para ser condenado, não para ser absolvido, porque, como observado pelo próprio Comentarista, da rejeição do pedido não decorre invasão da esfera jurídica do réu. O Código de Processo Civil, em sua versão de 1939, de certo modo já apontava o caminho, ao incluir entre os casos de indeferimento da inicial a hipótese de impossibilidade jurídica do pedido (artigo 195, I e § único, inciso I). Ainda que se trate, neste caso, de carência de ação e, naquele,

---

[2] *Breves Comentários à Nova Sistemática Processual Civil*. São Paulo: Revista dos Tribunais, 2006, p. 63, vol. II.

de improcedência, certo é que o réu não precisa ser perturbado, quando certamente não será condenado. O novo dispositivo favorece o demandante, porque o libera da condenação em honorários advocatícios; favorece o demandado, porque não o perturba; favorece o aparelho jurisdicional, porque reduz o número de processos em tramitação inútil. Não há inconstitucionalidade no dispositivo apontado, assim como não o há, no processo penal, quando o juiz, sem ouvir o réu, rejeita a denúncia, porque o fato narrado não constitui crime ou porque extinta a punibilidade (CPP, art. 43)".[3]

Nesse sentido, de resto, pugnando pela constitucionalidade dessa técnica processual, vem se manifestando parcela significativa da doutrina brasileira.[4] O Supremo Tribunal Federal, já instado pela via do controle concentrado, ainda nada decidiu a respeito do assunto.[5]

1.3. A Crítica da Crítica: A Multifuncionalidade do Direito Fundamental ao Contraditório

Uma das razões pelas quais admiramos José Tesheiner, afora o seu elevadíssimo tirocínio e aguda percepção dos problemas jurídicos, está na sua extraordinária disposição ao diálogo. Esse seu fecundo hábito acaba por manifestar-se por uma vez mais na gentil apreciação que fez de um breve comento que noutro lugar fizemos ao novo art. 285-A, CPC, acima transcrito.

Mantemos desde logo a nossa posição. O art. 285-A, CPC, segundo pensamos, traz em si uma grave ofensa ao direito fundamental ao contraditório. Todavia, não ao contraditório do demandado, mas ao contraditório do demandante.

Expliquemos.

---

[3] *Crítica à Investida de Mitidiero contra o Art. 285-A do CPC*, disponível em www.tex.pro.br, acessado em 15.10.2006, posteriormente reproduzido, por impresso, em José Tesheiner (coord.), *Nova Sistemática Processual Civil*. Caxias do Sul: Editora Plenum, 2006, p. 69/70.

[4] Entre outros, Luiz Guilherme Marinoni e Sérgio Cruz Arenhart, *Manual do Processo de Conhecimento*, 5. ed. São Paulo: Revista dos Tribunais, 2006, p. 111/115; Fredie Didier Júnior. In: *A Terceira Etapa da Reforma Processual Civil*. São Paulo: Saraiva, 2006, p. 55/60; Glauco Gumerato Ramos. In: *Reforma do CPC*. São Paulo: Revista dos Tribunais, 2006, p. 375/379; Jaqueline Mielke Silva e José Tadeu Neves Xavier, *Reforma Processual Civil*. Porto Alegre: Verbo Jurídico, 2006, p. 210/211.

[5] STF, Pleno, Ação Direta de Inconstitucionalidade n. 3.695/DF, rel. Min. Cesar Peluso.

É lugar-comum observar a multifuncionalidade dos direitos fundamentais.[6] Dessa comezinha mas extraordinária impostação ressai que o direito fundamental ao contraditório não se cinge mais a *garantir* tão-somente a bilateralidade da instância, antes conferindo *direito*, tanto ao demandante como ao demandado, de envidar argumentos para influenciar na conformação da decisão judicial. É o que vem se consagrando na doutrina, paulatinamente, como a dimensão ativa do direito fundamental ao contraditório,[7] consagrada à vista do caráter fortemente problemático do direito contemporâneo, constatação hoje igualmente corrente,[8] e da complexidade do ordenamento jurídico atual.[9]

Nessa perspectiva, o contraditório deixa de ser um direito fundamental que se cifra à esfera jurídica do demandado, logrando pertinência a ambas as partes, abarcando, portanto e evidentemente, inclusive o demandante. A nosso juízo, o art. 285-A, CPC, está a ferir, justamente, o contraditório do autor, e não o do réu.

Enveredando por essa senda, o contraditório deixa de ser uma norma de igualdade formal para assumir um papel central na experiência do processo,[10] cujo resultado não pode ser outro que não um "ato de três pessoas",[11] como um autêntico ambiente democrático e cooperativo.[12] A igualdade substancial vai, evidentemente, atendida de ma-

---

[6] O que muito se deve, no Brasil, iniludivelmente, à difusão da obra de Ingo Wolfgang Sarlet, *A Eficácia dos Direitos Fundamentais*, 4. ed. Porto Alegre: Livraria do Advogado, 2004, p. 150 e seguintes.

[7] Conforme a fundamental contribuição de Carlos Alberto Alvaro de Oliveira, "A Garantia do Contraditório". In: *Do Formalismo no Processo Civil*, 2. ed. São Paulo: Saraiva, 2003, p. 227 e seguintes; nesse mesmo sentido, por todos, Antonio do Passo Cabral, *O Contraditório como Dever e Boa-Fé Processual Objetiva*, Revista de Processo. São Paulo: Revista dos Tribunais, 2005, p. 59/81, n. 126; *Il Principio del Contraddittorio come Diritto d'Influenza e Dovere di Dibattito*, Rivista di Diritto Processuale. Padova: Cedam, 2005, p. 448/464; Leonardo Greco, "O Princípio do Contraditório", Revista Dialética de Direito Processual. São Paulo: Dialética, 2005, p. 71/79, n. 24.

[8] Como observa, entre outros, Gustavo Zagrebelsky, *Il Diritto Mitte – Legge, Diritti, Giustizia*, 13. ristampa. Torino: Einaudi, 2005, p. 167 e seguintes.

[9] Conforme, por todos, Riccardo Guastini, *Teoria e Dogmatica delle Fonti*. In: Trattato di Diritto Civile e Commerciale. Milano: Giuffrè, 1998, p. 163/164, vol. I, tomo I.

[10] Conforme, entre outros, Nicola Picardi, *Audiatur et Altera Pars – Le Matrici Storico-Culturali del Contraddittorio*, Rivista Trimestrale di Diritto e Procedura Civile. Milano: Giuffrè, 2003, p. 7 e seguintes.

[11] Conforme, aliás, já observamos noutro lugar, Daniel Mitidiero, *Elementos para uma Teoria Contemporânea do Processo Civil Brasileiro*. Porto Alegre: Livraria do Advogado, 2005, p. 53.

[12] Relacionando processo, contraditório e democracia, na doutrina italiana, por todos, Elio Fazzalari, *Procedimento (Teoria Generale)*. In: Enciclopedia del Diritto. Milano: Giuffrè, 1986, p. 820, vol. XXXV; na doutrina brasileira, por todos, Hermes Zaneti Júnior, *Processo Constitucional: Relações entre Processo e Constituição*. In: Introdução ao Estudo do Processo Civil – Primeiras Linhas de um Paradigma Emergente. Porto Alegre: Sergio Antonio Fabris Editor, 2004,

neira mais adequada nessa segunda impostação, porque possibilita uma efetiva participação daqueles que sofrerão a eficácia do processo sobre a formação do provimento judicial.

Basicamente essas as razões que nos levaram a afirmar e ora nos levam a reafirmar a inconstitucionalidade do art. 285-A, CPC. Em um tempo em que, cada vez mais, o processo justo, o nosso devido processo legal processual, afirma-se como um método para alcançar a justiça do caso concreto, normas como a que encerrada no art. 285-A, CPC, visam a sufocar a dialética como momento fundamental do juízo, arrimadas em uma perigosa legitimação pela performance do aparato estatal.[13] Sobre tal desiderato, ignoram mesmo o caráter evolutivo da jurisprudência, formada à força de um incessante diálogo entre aqueles que participam do processo, matiz que sobrará inegavelmente comprometida com a supressão do contraditório em primeiro grau de jurisdição.

Observações Finais

Em linha de conclusão, temos que o art. 285-A, CPC, está em absoluta dissonância com a dimensão ativa do direito fundamental ao contraditório, entendido como possibilidade de convencer o órgão jurisdicional da argumentação exposta na inicial. Tal o nosso entendimento, com o máximo respeito àqueles que pensam em contrário, em especial a José Tesheiner, que nos honrou com a possibilidade do debate.

Referências Bibliográficas

ALVARO DE OLIVEIRA, Carlos Alberto. "A Garantia do Contraditório". In: *Do Formalismo no Processo Civil*, 2. ed.. São Paulo: Saraiva, 2003.

———. "Efetividade e Processo de Conhecimento". In: *Do Formalismo no Processo Civil*, 2. ed.. São Paulo: Saraiva, 2003.

---

p. 48, em co-autoria com Daniel Mitidiero; processo e colaboração, na doutrina italiana, por todos, Eduardo Grasso, *La Collaborazione nel Processo Civile*, Rivista di Diritto Processuale. Padova: Cedam, 1966, p. 580/609; na doutrina brasileira, entre outros, Carlos Alberto Alvaro de Oliveira, *Poderes do Juiz e Visão Cooperativa do Processo*, Revista da Ajuris. Porto Alegre: s/ed., 2003, p. 55/83, n. 90; Fredie Didier Júnior, *O Princípio da Cooperação: uma Apresentação*, Revista de Processo. São Paulo: Revista dos Tribunais, 2005, p. 75/80, n. 127.

[13] Conforme Carlos Alberto Alvaro de Oliveira, *Efetividade e Processo de Conhecimento*. In: Do Formalismo no Processo Civil, 2. ed. São Paulo: Saraiva, 2003, p. 244 e seguintes.

———. "Poderes do Juiz e Visão Cooperativa do Processo", Revista da Ajuris. Porto Alegre: s/ed., 2003, n. 90.

CABRAL, Antônio do Passo. "O Contraditório como Dever e Boa-Fé Processual Objetiva", Revista de Processo. São Paulo: Revista dos Tribunais, 2005, n. 126.

———. *Il Principio del Contraddittorio come Diritto d'Influenza e Dovere di Dibattito*. Rivista di Diritto Processuale. Padova: Cedam, 2005.

DIDIER JÚNIOR, Fredie. *O Princípio da Cooperação: uma Apresentação*. Revista de Processo. São Paulo: Revista dos Tribunais, 2005, n. 127.

———. *A Terceira Etapa da Reforma Processual Civil*. São Paulo: Saraiva, 2006, em co-autoria com Flávio Cheim Jorge e Marcelo Abelha Rodrigues.

FAZZALARI, Elio. *Procedimento (Teoria Generale)*. In: Enciclopedia del Diritto. Milano: Giuffrè, 1986, vol. XXXV.

GRASSO, Eduardo. *La Collaborazione nel Processo Civile*. Rivista di Diritto Processuale. Padova: Cedam, 1966.

GRECO, Leonardo. *O Princípio do Contraditório*. Revista Dialética de Direito Processual. São Paulo: Dialética, 2005, n. 24.

GUASTINI, Riccardo. *Teoria e Dogmatica delle Fonti*. In: Trattato di Diritto Civile e Commerciale. Milano: Giuffrè, 1998, vol. I, tomo I.

MARINONI, Luiz Guilherme; ARENHART, Sérgio Cruz. *Manual do Processo de Conhecimento*. 5. ed. São Paulo: Revista dos Tribunais, 2006.

MITIDIERO, Daniel. *Elementos para uma Teoria Contemporânea do Processo Civil Brasileiro*. Porto Alegre: Livraria do Advogado, 2005.

———. *Comentários ao Código de Processo Civil*. São Paulo: Memória Jurídica Editora, 2006, tomo III (arts. 270 a 331).

PICARDI, Nicola. *Audiatur et Altera Pars – Le Matrici Storico-Culturali del Contraddittorio*. Rivista Trimestrale di Diritto e Procedura Civile. Milano: Giuffrè, 2003.

RAMOS, Glauco Gumerato. In: Reforma do CPC. São Paulo: Revista dos Tribunais, 2006, em co-autoria com Daniel Amorim, Rodrigo da Cunha Lima Freire e Rodrigo Mazzei.

SARLET, Ingo Wolfgang. *A Eficácia dos Direitos Fundamentais*. 4. ed. Porto Alegre: Livraria do Advogado, 2004.

SILVA, Jaqueline Mielke; XAVIER, José Tadeu Neves. *Reforma Processual Civil*. Porto Alegre: Verbo Jurídico, 2006.

TESHEINER, José. *Crítica à Investida de Mitidiero contra o Art. 285-A do CPC*. Disponível em www.tex.pro.br, acesso em 15.10.2006.

———, (coord.). *Nova Sistemática Processual Civil*. Caxias do Sul: Editora Plenum, 2006.

WAMBIER, Luiz Rodrigues; WAMBIER, Teresa Arruda Alvim; MEDINA, José Miguel Garcia. *Breves Comentários à Nova Sistemática Processual Civil*. São Paulo: Revista dos Tribunais, 2006.

ZAGREBELSKY, Gustavo. *Il Diritto Mitte – Legge, Diritti, Giustizia*. 13. ristampa. Torino: Einaudi, 2005.

ZANETI JÚNIOR, Hermes. *Processo Constitucional: Relações entre Processo e Constituição*. In: Introdução ao Estudo do Processo Civil – Primeiras Linhas de um Paradigma Emergente. Porto Alegre: Sérgio Antônio Fabris Editor, 2004, em co-autoria com Daniel Mitidiero.

2. Direito Fundamental ao Julgamento Definitivo da Parcela Incontroversa: uma Proposta de Compreensão do art. 273, § 6º, CPC, na Perspectiva do Direito Fundamental a um Processo sem Dilações Indevidas (art. 5º, LXXVIII, CRFB)

Sumário: Introdução; 2.1. O Debate sobre a Natureza Jurídica da Providência Encartada no Art. 273, § 6º, CPC; 2.2. Incontrovérsia e Inconsistência; 2.3. Direitos Fundamentais e Eficácia Irradiante; 2.4. Conseqüências da Caracterização do Instituto como um Julgamento Definitivo da Parcela Incontroversa da Demanda; Conclusões; Referências Bibliográficas.

Introdução

O presente ensaio visa a compreender, na perspectiva da teoria dos direitos fundamentais, o art. 273, § 6º, CPC, caracterizando-o como um julgamento definitivo da parcela incontroversa da demanda. Uma vez fundamentada essa impostação da matéria, procura ainda trabalhar dogmaticamente as conseqüências oriundas dessa opção conceitual.

2.1. O Debate sobre a Natureza Jurídica da Providência Encartada no Art. 273, § 6º, CPC

Reza o art. 273, § 6º, CPC, que "a tutela antecipada também poderá ser concedida quando um ou mais dos pedidos cumulados, ou parcela deles, mostrar-se incontroverso". A doutrina tergiversa a respeito do assunto, começando pela própria inspiração do mesmo: enquanto Luiz Guilherme Marinoni aponta o art. 277, 2, do CPC italiano como um dispositivo "algo similar" ao nosso,[1] José Carlos Barbosa Moreira refere que o § 6º do artigo ora em comento tem "óbvia afinidade" com a norma do art. 186-bis da legislação processual civil peninsular.[2] Essa filiação não deixa de ter relevo na caracterização do instituto, uma vez que, ao ligar-se o nosso artigo a essa ou àquela disposição, concepções bastante diferentes a respeito do assunto exsurgirão.

Nessa senda, duas posições a propósito do art. 273, § 6º, CPC, surgem na doutrina brasileira: a primeira o entende como um expediente de antecipação de tutela, apto tão-somente a produzir uma decisão provisória sobre a causa, à base de uma cognição sumária,[3] ao passo que a segunda defende que se trata de um julgamento antecipado da lide (ainda que da parcialidade dessa), definitivo, procedido com arrimo em uma cognição exauriente.[4] O primeiro alvitre corresponde àqui-

---

[1] *Tutela Antecipatória e Julgamento Antecipado – Parte Incontroversa da Demanda*, 5. ed. São Paulo: Revista dos Tribunais, 2002, p. 142/143. O texto do artigo italiano é o seguinte: "il collegio nel deliberare sul merito deve decidere tutte le domande proposte e le relative eccezioni, definendo il giudizio [112, 189, 272, 278]. Tuttavia il collegio, anche quando il giudice istruttore gli ha rimesso la causa a norma dell'articolo 187, primo comma, può limitare la decisione ad alcune domande, se riconosce che per esse soltanto non sai necessaria una ulteriore istruzione e se loro sollecita definizione è di interesse apprezzabile per la parte che ne ha fatto istanza [279]". De resto, anote-se que esse se encontra situado no Livro II ("Del Processo di Cognizione"), Título I ("Del Procedimento davanti al Tribunale"), Capítulo III ("Della Decisione della Causa"), previsto sob a rubrica "pronuncia sul merito".

[2] *Tutela de Urgência e Efetividade do Direito*. In: Temas de Direito Processual. São Paulo: Saraiva, 2004, p. 102, Oitava Série. Eis o texto: "su istanza di parte il giudice istruttore può disporre, fino al momento della precisazione delle conclusioni, il pagamento delle somme non contestate dalle parti costituite [423, 666]. L'ordinanza costituisce titolo esecutivo [474] e conserva la sua efficacia in caso di estinzione del processo. L'ordinanza è soggetta alla disciplina delle ordinanze revocabili di cui agli articoli 177, primo e secondo comma, e 178, primo comma". Precitado artigo encontra-se situado no Livro II ("Del Processo di Cognizione"), Título I ("Del Procedimento davanti al Tribunale"), Capítulo II ("Dell'istruzione della Causa"), Seção II ("Della Trattazione della Causa"), previsto sob a rubrica "ordinanza per il pagamento di somme non contestate".

[3] Assim, entre outros, Athos Gusmão Carneiro, *Da Antecipação de Tutela*, 5. ed. Rio de Janeiro: Forense, 2004, p. 61/65; Nélson Nery Júnior e Rosa Maria Andrade Nery, *Código de Processo Civil Comentado e Legislação Extravagante*, 9. ed. São Paulo: Revista dos Tribunais, 2006, p. 454; José Roberto dos Santos Bedaque, *Tutela Cautelar e Tutela Antecipada*: Tutelas Sumárias e de Urgência (Tentativa de Sistematização), 4. ed. São Paulo: Revista dos Tribunais, 2006, p. 337.

[4] Assim, entre outros, Luiz Guilherme Marinoni, *Tutela Antecipatória e Julgamento Antecipado – Parte Incontroversa da Demanda*, 5. ed. São Paulo: Revista dos Tribunais, 2002, 138/160 (embora ressalve que não se trata de provimento definitivo, tendo em conta a provisoriedade imposta pelo § 4º); Luiz Guilherme Marinoni e Sérgio Cruz Arenhart, *Manual do Processo de Conhecimento*, 5. ed. São Paulo: Revista dos Tribunais, 2006, p. 237; José Joaquim Calmon de Passos, *Comentários ao Código de Processo Civil*, 9. ed. Rio de Janeiro: Forense, 2004, p. 71/72,

lo que a doutrina italiana vem escrevendo sobre o art. 186-bis de seu Código,[5] referindo-se o segundo aos contornos que essa mesma doutrina vislumbra no art. 277, 2, do precitado diploma.[6]

Afigura-se fundamental para boa compreensão da técnica processual utilizada pelo legislador no art. 273, § 6°, CPC, o exato delineamento do conceito de "incontrovérsia", lá referido como motivo suficiente à sua incidência. Com efeito, sem a sua análise e a de seu regime jurídico no direito brasileiro qualquer tentativa de examinar o expediente ora em tela pode restar infrutífera, de modo que se oferece como um *prius* à definição da natureza jurídica do instituto trabalhá-lo, ainda que brevemente.

2.2. Incontrovérsia e Inconsistência

O cotejo entre os termos "incontrovérsia" e "inconsistência" é altamente significativo para o tema que ora nos ocupa.

Não há dúvida de que o art. 273, inciso II, CPC, dá ensanchas à prolação de uma decisão provisória sobre o objeto litigioso, fundada em cognição sumária. Não existe perigo na demora da prestação jurisdicional a compor-se por essa via, já que se funda na maior consistência de que se revestem as alegações do demandante em juízo, quando comparadas com as alegações produzidas pelo demandado. Protege-se,

---

vol. III; Joel Dias Figueira Júnior, *Comentários ao Código de Processo Civil*. São Paulo: Revista dos Tribunais, 2001, p. 178, vol. IV, tomo I; Rogéria Dotti Doria, *A Tutela Antecipada em Relação à Parte Incontroversa da Demanda*, 2. ed. São Paulo: Revista dos Tribunais, 2003, p. 129/136; Fredie Didier Júnior, *Inovações na Antecipação dos Efeitos da Tutela e a Resolução Parcial do Mérito*. In: Gênesis Revista de Direito Processual Civil. Curitiba: Gênesis, 2002, p. 711/734, n. 26; Cássio Scarpinella Bueno, *Tutela Antecipada*. São Paulo: Saraiva, 2004, p. 51; Felipe Camilo Dall'Alba, Julgamento Antecipado ou Antecipação dos Efeitos da Tutela do Pedido Incontroverso? In: *Revista de Processo*. São Paulo: Revista dos Tribunais, 2005, p. 207/223, n. 128.

[5] Assim, Andrea Proto Pisani, *Lezioni di Diritto Processuale Civile*, 4. ed. Napoli: Jovene, 2002, p. 578/583; Francesco Paolo Luiso, *Diritto Processuale Civile*, 2. ed. Milano: Giuffrè, 1999, p. 64/65, vol. II; Giuseppe Tarzia, *Lineamenti del Processo Civile di Cognizione*, 2. ed. Milano: Giuffrè, 2002, p. 171/177. A propósito, Giuseppe Tarzia refere que a provisoriedade imposta ao provimento do art. 186-bis chega mesmo a contrastar com a função simplificadora e de aceleração do processo que inspirou a edição do precitado dispositivo (*Lineamenti del Processo Civile di Cognizione*, 2. ed. Milano: Giuffrè, 2002, p. 174/175, nota de rodapé n. 103).

[6] Assim, por todos, Francesco Paolo Luiso, *Diritto Processuale Civile*, 2. ed. Milano: Giuffrè, 1999, p. 191/194, vol. II.

aí, o direito evidente,[7] sem qualquer consideração a respeito de eventual urgência em prover.[8]

A decisão é provisória, porque a cognição é incompleta, sumária. Mesmo as alegações inconsistentes, no direito brasileiro, têm o condão de controverter as assertivas levadas a efeito pelo demandante.[9] Havendo controvérsia, atende-se ao primeiro requisito para que se possa provar o que se alega, donde se vê que, na dinâmica do processo, aquilo que, em um primeiro momento, apareceu ao julgador como uma "contestação não-séria" pode adquirir maior credibilidade.

A situação é bem diferente quando se está a falar em incontrovérsia, porquanto as alegações incontroversas independem de prova (art. 334, CPC). Convencendo-se o juiz, a dinâmica do processo não pode lhe ofertar mudança no quadro probatório. A cognição é exauriente; o juízo é de certeza.[10]

A incontrovérsia é de parcela do pedido ou de pedido formulado em regime de cumulação simples.[11] Diante do art. 186-bis do Código de Processo Civil italiano, a doutrina peninsular discute se a não-contestação deve recair sobre os fatos constitutivos ou sobre o direito do demandante. A primeira opção tem por si Andrea Proto Pisani,[12] sendo a segunda defendida por Giuseppe Tarzia.[13] A discussão, porém, não alcança o direito brasileiro, que expressamente aduz que a incontro-

---

[7] Conforme Adroaldo Furtado Fabrício, *Breves Notas sobre Provimentos Antecipatórios, Cautelares e Liminares*. In: Ensaios de Direito Processual. Rio de Janeiro: Forense, 2003, p. 190.

[8] Sobre o assunto, com maior desenvolvimento e com as devidas indicações bibliográficas, Daniel Mitidiero, *Comentários ao Código de Processo Civil*. São Paulo: Memória Jurídica Editora, 2006, p. 57/60, tomo III.

[9] Contra, Luiz Guilherme Marinoni, *Tutela Antecipatória e Julgamento Antecipado – Parte Incontroversa da Demanda*, 5. ed. São Paulo: Revista dos Tribunais, 2002, p. 114, para quem a incontrovérsia das alegações fácticas pode advir tanto do não-desempenho do ônus específico de impugnação (art. 302, CPC), vale dizer, da ausência de manifestação sobre determinada alegação de fato, como da manifestação evasiva do sujeito do processo. De se ponderar, todavia, que o direito brasileiro não tem norma jurídica semelhante àquela que hoje está no art. 405, segunda parte, LEC/2000 (antes, art. 549, segunda parte, LEC/1881). Ao contrário: está expresso que apenas a ausência de manifestação é que gera incontrovérsia.

[10] Nesse sentido, entre outros, Rogéria Dotti Doria, *A Tutela Antecipada em Relação à Parte Incontroversa da Demanda*, 2. ed. São Paulo: Revista dos Tribunais, 2003, p. 131; Leonardo José Carneiro da Cunha, O § 6º do art. 273 do CPC: Tutela Antecipada Parcial ou Julgamento Antecipado da Lide? In: *Revista Dialética de Direito Processual*. São Paulo: Dialética, 2003, p. 109, vol. 1.

[11] Sobre cumulação de pedidos, com as devidas indicações bibliográficas, Daniel Mitidiero, *Comentários ao Código de Processo Civil*. São Paulo: Memória Jurídica Editora, 2005, p. 456/459, tomo II (arts. 154 a 269); *Comentários ao Código de Processo Civil*. São Paulo: Memória Jurídica Editora, 2006, p. 196/199 e p. 207/216, tomo III (arts. 270 a 331).

[12] *Lezioni di Diritto Processuale Civile*, 4. ed. Napoli: Jovene, 2002, p. 580.

[13] *Lineamenti del Processo Civile di Cognizione*, 2. ed. Milano: Giuffrè, 2002, p. 173.

vérsia concerne ao pedido do demandante, colocando-a ao largo dos fatos, notoriamente situados no âmbito da causa de pedir.[14] Anote-se, porém, que não se quer com isso afirmar que a incontrovérsia fáctica não possui relevo nesse contexto: de modo nenhum. O que se quer, justamente, é afirmar que a incontrovérsia fáctica só importa se for suficiente para caracterizar igualmente a incontrovérsia do pedido. Não é por outra razão, aliás, que bem pondera Luiz Guilherme Marinoni que "para tutela antecipatória, porém, não é suficiente a não-contestação do fato, sendo necessário que o juiz verifique se do fato admitido decorre a conseqüência jurídica pretendida".[15]

A incontrovérsia do pedido pode advir de não-contestação, transação, conciliação ou reconhecimento parciais.[16] Em todos esses casos, o contexto probatório não muda: a fluência do processo não pode trazer nada novo à consideração do órgão jurisdicional.

Bem se vê, pois, que a inconsistência está ligada à sumariedade da cognição, ao passo que a incontrovérsia se refere à cognição exauriente. E justamente porque a inconsistência, na perspectiva do convencimento do juiz, é algo menos robusto que a incontrovérsia, o direito brasileiro impõe a provisoriedade como marca essencial das decisões tomadas sob sua autoridade. Algo diverso, ao que tudo indica, deve se passar com a incontrovérsia. *Aliter*, qual o sentido em separar os dois conceitos, se de ambos decorreria a mesma conseqüência processual?

2.3. Direitos Fundamentais e Eficácia Irradiante

É lição corrente na boa doutrina a existência de múltiplas funções acometidas aos direitos fundamentais, caracterizando-os como direitos

---

[14] Sobre a problemática do fato (essencial) como elemento central da causa de pedir, na doutrina brasileira, José Rogério Cruz e Tucci, *A Causa Petendi no Processo Civil*, 2. ed. São Paulo: Revista dos Tribunais, 2001, p. 88 e seguintes; na doutrina portuguesa, Mariana França Gouveia, *A Causa de Pedir na Acção Declarativa*. Coimbra: Almedina, 2004, p. 57 e seguintes.

[15] *Tutela Antecipatória e Julgamento Antecipado – Parte Incontroversa da Demanda*, 5. ed. São Paulo: Revista dos Tribunais, 2002, p. 109; nesse mesmo sentido, Paulo Afonso Brum Vaz, *Manual da Tutela Antecipada*. Porto Alegre: Livraria do Advogado, 2002, p. 128.

[16] Assim, entre outros, Luiz Guilherme Marinoni e Sérgio Cruz Arenhart, *Manual do Processo de Conhecimento*, 5. ed. São Paulo: Revista dos Tribunais, 2006, p. 237; Paulo Afonso de Souza Sant'anna, *Hipóteses para Concessão da Tutela Antecipatória da Parte Incontroversa da Demanda (Art. 273, § 6º, CPC)*. In: Revista de Processo. São Paulo: Revista dos Tribunais, 2005, p. 119/127, n. 121.

multifuncionais.[17] Dentre as suas mais importantes tarefas, normalmente associada à sua dimensão objetiva, está a de ofertar balizas para interpretação da legislação infraconstitucional. Fala-se, aí, em interpretação conforme aos direitos fundamentais, na eficácia irradiante desses em relação à compreensão, no que agora nos interessa, de nosso Código de Processo Civil.[18]

Não há dúvidas de que existe, no direito brasileiro, direito fundamental à tutela jurisdicional efetiva (art. 5°, XXXV, CRFB) e que essa proteção judicial tem de se traduzir em uma prestação jurisdicional alcançada às partes em tempo razoável (art. 5°, LXXVIII, CRFB).[19] Em uma de suas possíveis significações, o direito fundamental a um processo com duração razoável (que é um dos elementos mínimos de nosso devido processo legal processual, de nosso processo justo[20]) importa no dever do Estado de organizar procedimentos que importem na prestação de uma tutela jurisdicional sem "dilações indevidas" (expressiva locução empregada pela Constituição Espanhola, art. 24, segunda parte).

Esse dever grava, indubitavelmente, tanto o Estado-legislador como o Estado-juiz, ambos obrigados à sua realização. Os direitos fundamentais vinculam o Estado em toda sua extensão. Ainda que a concretização dos direitos fundamentais seja, em primeiro lugar, tarefa do legislador, como refere Konrad Hesse,[21] a ausência de legislação infraconstitucional ou mesmo a deficiência da legislação existente autoriza o Poder Judiciário a concretizar de maneira imediata o direito

---

[17] Conforme, por todos, Ingo Wolfgang Sarlet, *A Eficácia dos Direitos Fundamentais*, 4. ed. Porto Alegre: Livraria do Advogado, 2004, p. 165 e seguintes.

[18] Ensina Ingo Wolfgang Sarlet: "como primeiro desdobramento de uma força jurídica objetiva autônoma dos direitos fundamentais, costuma apontar-se para o que a doutrina alemã denominou de uma eficácia irradiante (*Ausstrahlungswirkung*) dos direitos fundamentais, no sentido de que estes, na sua condição de direito objetivo, fornecem impulsos e diretrizes para a aplicação e interpretação do direito infraconstitucional, o que, além disso, apontaria para a necessidade de uma interpretação conforme aos direitos fundamentais (...)" (*A Eficácia dos Direitos Fundamentais*, 4. ed. Porto Alegre: Livraria do Advogado, 2004, p. 157; nesse mesmo sentido, ainda, José Carlos Vieira de Andrade, *Os Direitos Fundamentais na Constituição Portuguesa de 1976*, 2. ed. Coimbra: Almedina, 2001, p. 154/155).

[19] Sobre o tema, Carlos Alberto Alvaro de Oliveira, *O Processo Civil na Perspectiva dos Direitos Fundamentais*. In: Alvaro de Oliveira, Carlos Alberto (org.), *Processo e Constituição*. Rio de Janeiro: Forense, 2004, p. 1/15; Luiz Guilherme Marinoni, *Teoria Geral do Processo*. São Paulo: Revista dos Tribunais, 2006, p. 63/88.

[20] Sobre o tema, Daniel Mitidiero, *Elementos para uma Teoria Contemporânea do Processo Civil Brasileiro*. Porto Alegre: Livraria do Advogado, 2005, p. 39/66.

[21] *Elementos de Direito Constitucional da República Federal da Alemanha*, tradução de Luís Afonso Heck. Porto Alegre: Sérgio Antônio Fabris Editor, 1998, p. 247.

fundamental à tutela jurisdicional. Isso porque, como esclarece José Carlos Vieira de Andrade, "o princípio da aplicabilidade directa valerá como indicador da *exeqüibilidade potencial* das normas constitucionais, presumindo-se a sua 'perfeição', isto é, a sua auto-suficiência baseada no carácter *determinável* do respectivo conteúdo de sentido. Vão, pois, aqui incluídos o *dever* dos juízes e dos demais operadores jurídicos de aplicarem os preceitos constitucionais e a *autorização* para com esse fim os concretizarem por via interpretativa".[22] A *fortiori*, obriga o Estado a interpretar as normas infraconstitucionais existentes sempre levando em consideração a eficácia imediata das normas de densidade constitucional.

Esse o ponto. Havendo duas ou mais interpretações possíveis para um instituto processual, esse tem de ser compreendido em conformidade com os direitos fundamentais. Vale dizer: tem de ser interpretado optando-se pelo significado que realize da melhor maneira possível o conteúdo dos direitos fundamentais.[23]

Dessarte, caracterizando-se o direito a um processo com duração razoável como um direito a um processo sem dilações indevidas, resta claro que qualquer ato processual posterior à incontrovérsia fáctico-jurídica constitui uma dilação indevida no curso da causa, sendo, pois, desautorizado pela nossa Constituição. Com efeito, se a incontrovérsia denota um juízo de certeza (e, portanto, tomado sob cognição exauriente), não há como sustentar, na perspectiva da teoria dos direitos fundamentais (que é precisamente a perspectiva do Estado Constitucional[24]), que o art. 273, § 6º, CPC, dá azo a uma simples antecipação (provisória) dos efeitos da sentença. De modo nenhum. Rigorosamente, o art. 273, § 6º, CPC, tem de ser interpretado em conformidade com o direito fundamental a um processo com duração razoável. Daí deflui naturalmente a sua impostação como um julgamento definitivo da parcela incontroversa da demanda, já que o submeter a um novo ree-

---

[22] *Os Direitos Fundamentais na Constituição Portuguesa de 1976*, 2. ed. Coimbra: Almedina, 2001, p. 202. Nesse mesmo sentido, na doutrina processual brasileira, Carlos Alberto Alvaro de Oliveira, *O Processo Civil na Perspectiva dos Direitos Fundamentais*. In: Alvaro de Oliveira, Carlos Alberto (org.), Processo e Constituição. Rio de Janeiro: Forense, 2004, p. 5/6; Luiz Guilherme Marinoni, *Teoria Geral do Processo*. São Paulo: Revista dos Tribunais, 2006, p. 63 e seguintes.

[23] Assim, por todos, Luiz Guilherme Marinoni, *Teoria Geral do Processo*. São Paulo: Revista dos Tribunais, 2006, p. 114.

[24] Sobre a revolução ocorrida no campo do direito pelo advento do Estado Constitucional, consulte-se, por todos, Gustavo Zagrebelsky, *Il Diritto Mitte – Legge, Diritti, Giustizia*, 13. ristampa. Torino: Einaudi, 2005, *passim*.

xame pelo juiz da causa no quando da apreciação ulterior da parcela controversa significa, praticamente, permitir a prática de atos processuais completamente despiciendos, porquanto já convencido o julgador, à força da incontrovérsia, da sorte a ser imprimida à parte da contenda.

2.4. Conseqüências da Caracterização do Instituto como um Julgamento Definitivo da Parcela Incontroversa da Demanda

A opção – constitucional – de caracterizar-se o art. 273, § 6º, CPC, como um julgamento definitivo da parcela incontroversa não é isenta de importantes conseqüências. Exemplo: sendo uma hipótese em que se permite o julgamento antecipado da lide, natural que o juiz possa agir de ofício a respeito do assunto.[25] Outra solução, aliás, não seria possível em face das linhas mestras do sistema, que confia ao órgão jurisdicional a direção do processo, competindo-lhe velar pela rápida solução do litígio (art. 125, II, CPC).

Uma das mais significativas conseqüências, segundo pensamos, concerne à caracterização do ato do juiz que define a parte incontroversa do feito e o seu regime de recorribilidade. A primeira questão concerne à natureza do ato jurisdicional; a segunda, ao recurso cabível dessa decisão.

Discute a doutrina se a decisão que decide definitivamente parcela da demanda é uma decisão interlocutória ou uma sentença. Defendendo o primeiro alvitre, escreve Fredie Didier Júnior que se trata de uma "decisão interlocutória apta à coisa julgada material".[26] De seu turno, José Roberto dos Santos Bedaque referia que eventual julgamento antecipado parcial dar-se-ia por uma "decisão interlocutória de mérito", figura essa "perfeitamente compatível com o sistema processual".[27]

Entrementes, mesmo antes da Lei n. 11.232, de 22 de dezembro de 2005, já defendíamos a inadequação desse posicionamento, pugnan-

---

[25] Por todos, Pontes de Miranda, *Comentários ao Código de Processo Civil*, 3. ed. Rio de Janeiro: Forense, 1997, p. 228, tomo IV.

[26] *Inovações na Antecipação dos Efeitos da Tutela e a Resolução Parcial do Mérito*. In: Gênesis Revista de Direito Processual Civil. Curitiba: Gênesis, 2002, p. 714, n. 26.

[27] *Tutela Cautelar e Tutela Antecipada*: Tutelas Sumárias e de Urgência (Tentativa de Sistematização), 4. ed. São Paulo: Malheiros, 2006, p. 337.

do pela caracterização dessa decisão como uma sentença parcial de mérito,[28] o que continuamos a sustentar após a promulgação de predita legislação.[29]

Nosso Código busca diferençar uma sentença de uma decisão interlocutória alçando mão do critério da definitividade da apreciação jurisdicional.[30] A sentença é o ato do juiz que implica a análise definitiva (isto é, com preclusão consumativa para o juiz) das matérias postas nos arts. 267 e 269, CPC (conforme arts. 162, § 1º, 267, 269 e 463, CPC). Em sendo assim, não há como negar natureza de sentença à decisão que encerra a apreciação jurisdicional de conhecimento no que concerne à parcela incontroversa de um pedido ou que julga um dos pedidos incontroversos formulados em regime de cumulação simples: com efeito, ao julgar antecipada e parcialmente a lide, o juiz prolata uma decisão que "implica alguma das situações previstas" no art. 269, CPC (art. 162, § 1º), notadamente, art. 269, I, CPC, não podendo revogar a sua tomada de posição, porquanto aí operada a preclusão consumativa (art. 463, CPC). Sentença, pois, conquanto abarque apenas parcela do mérito. Sentença parcial de mérito, portanto.[31]

O Código Buzaid (1973-1994), todavia, não contemplava uma norma capaz de generalizar essas sentenças parciais, isto é, torná-las encontráveis no procedimento comum, fato então reclamado, inclusive,

---

[28] Daniel Mitidiero, *Sentenças Parciais de Mérito e Resolução Definitiva-Fracionada da Causa (Lendo um Ensaio de Fredie Didier Júnior)*. In: Introdução ao Estudo do Processo Civil – Primeiras Linhas de um Paradigma Emergente. Porto Alegre: Sergio Antonio Fabris Editor, 2004, p. 165/180, em co-autoria com Hermes Zaneti Júnior.

[29] Daniel Mitidiero. In: Alvaro de Oliveira, Carlos Alberto (coord.), *A Nova Execução – Comentários à Lei n. 11.232, de 22 de dezembro de 2005*. Rio de Janeiro: Forense, 2006, p. 5/9. Nesse mesmo sentido, na doutrina, Daniel Ustárroz e Sérgio Gilberto Porto, *Manual dos Recursos Cíveis*. Porto Alegre: Livraria do Advogado, 2006, p. 18 e p. 79; Felipe Camilo Dall'Alba, *Julgamento Antecipado ou Antecipação dos Efeitos da Tutela do Pedido Incontroverso?* In: Revista de Processo. São Paulo: Revista dos Tribunais, 2005, p. 219; Jaqueline Mielke Silva e José Tadeu Neves Xavier, *Reforma do Processo Civil*. Porto Alegre: Verbo Jurídico, 2006, p. 47; na jurisprudência, TJ/RS, 18ª Câmara Cível, AC n. 70006762470, rel. Dr. Pedro Luiz Pozza, j. em 04.03.2004. Ao que sabemos, registre-se que também a primeira sentença parcial de mérito com base no art. 273, § 6º, CPC, fora prolatada por Pedro Luiz Pozza.

[30] Tal é a lição de Ovídio Araújo Baptista da Silva, *Decisões Interlocutórias e Sentenças Liminares*. In: *Da Sentença Liminar à Nulidade da Sentença*. Rio de Janeiro: Forense, 2001, p. 20, expressamente encampada no texto.

[31] Categoria, de resto, bastante conhecida da doutrina brasileira. Dela dão conta, entre outros, Carlos Alberto Alvaro de Oliveira, *Comentários ao Código de Processo Civil*, 7. ed. Rio de Janeiro: Forense, 2005, p. 450, nota de rodapé n. 831, vol. VIII, tomo II, em co-autoria com Galeno Lacerda, e Ovídio Araújo Baptista da Silva, *Comentários ao Código de Processo Civil*. São Paulo: Revista dos Tribunais, 2000, p. 179, vol. XIII.

pela melhor doutrina.[32] Essa norma adveio, como de sabença corrente, com a promulgação da Lei n. 10.444, de 2002.

E exatamente aqui surge o problema: qual o recurso adequado para impugnação dessa espécie de decisão? A resposta a esse questionamento não é, em absoluto, simples, nem, seja qual for, isenta de inconvenientes práticos, como bem observam Daniel Ustárroz e Sérgio Gilberto Porto.[33] A rigor, essa questão obriga-nos a tratar de alguns pressupostos teóricos do legislador de 1973, a fim de que possamos outorgar uma resposta coerente com a índole e o regime de determinados recursos pensados na perspectiva do sistema do Código Buzaid (1973-1994).

Em conhecida monografia, Alfredo Buzaid, escrevendo sob a égide do Código de 1939, classificou os atos do juiz em "despachos de expediente, ou ordinatórios", "despachos interlocutórios", "decisões terminativas do processo" e "decisões definitivas".[34] Assevera, ainda, que os "despachos de expediente, ou ordinatórios, são os que dispõem simplesmente sôbre o andamento do processo", os "despachos interlocutórios são os que decidem as questões controvertidas relativas à regularidade e à marcha do processo, sem pôr-lhe fim", as "decisões terminativas do processo sem lhe resolverem o mérito" são aquelas em que "o juiz põe termo ao processo por um defeito de sua constituição, ou do procedimento, ou por qualquer outro motivo que torne impossível a decisão da lide", correspondendo "às interlocutórias com fôrça de definitivas da classificação antiga e às absolutórias da observância do procedimento" e que as "decisões definitivas" são aquelas em que se "decidem (no todo ou em parte) o mérito da causa, a lide".[35]

Note-se o ponto: apenas as sentenças examinavam o mérito da causa. Os "despachos interlocutórios" e as "decisões terminativas do processo" não importavam no exame do objeto litigioso.

---

[32] Que então pugnava pela quebra do "velho princípio da 'unità e unicità della decisione'" (Luiz Guilherme Marinoni, *Tutela Antecipatória, Julgamento Antecipado e Execução Imediata da Sentença*. São Paulo: Revista dos Tribunais, 1997, p. 147), apontando como exemplo a ser seguido, ao que tudo indica, o direito italiano, com a adoção da possibilidade de uma "sentenza parziale di merito" (Luiz Guilherme Marinoni, *Tutela Antecipatória, Julgamento Antecipado e Execução Imediata da Sentença*. São Paulo: Revista dos Tribunais, 1997, p. 157).

[33] *Manual dos Recursos Cíveis*. Porto Alegre: Livraria do Advogado, 2006, p. 79.

[34] *Do Agravo de Petição no Sistema do Código de Processo Civil*, 2. ed. São Paulo: Saraiva, 1956, p. 128.

[35] Idem, p. 128/129.

Na técnica do Código Buzaid (1973-1994), os "despachos interlocutórios" resolveram-se em "decisões interlocutórias" (art. 162, § 2º), sobrando no âmbito das sentenças (art. 162, § 1º) tanto as "decisões terminativas" como as "decisões definitivas"[36] de outrora. Essa ligação está autorizada mesmo por Alfredo Buzaid; ao expor os motivos do Projeto do Código de 1973, Buzaid observara: "diversamente do Código vigente, o projeto simplifica o sistema de recursos. Concede apelação só de sentença; de todas as decisões interlocutórias, agravo de instrumento. Esta solução atende plenamente aos princípios fundamentais do Código, sem sacrificar o andamento da causa e sem retardar injustificavelmente a resolução de questões incidentes, muitas das quais são de importância decisiva para apreciação do mérito. O critério que distingue os dois recursos é simples. Se o juiz põe termo ao processo, cabe apelação. Não importa indagar se decidiu ou não o mérito. A condição do recurso é que tenha havido julgamento final do processo. Cabe agravo de instrumento de toda a decisão, proferida no curso do processo, pela qual o juiz resolve questão incidente".[37]

Que quer isso dizer? Que para o Código Buzaid (1973-1994) somente no quando da sentença poderia o juiz apreciar o mérito da causa. Certo, poderia ocorrer uma sentença apenas terminativa do feito; agora, jamais poderia haver uma decisão interlocutória que enfrentasse o mérito da causa. Vale dizer: a oportunidade para o exame do mérito, no Código Buzaid (1973-1994), era tão-somente no quando da sentença. Observe-se: as "questões incidentes" apenas preparavam para "apreciação do mérito". Isto é: nosso legislador pressupunha que uma decisão interlocutória jamais poderia enfrentar o mérito da causa, porque vocacionada apenas para deslindar questões processuais, concernentes à "regularidade e à marcha do processo". Daí o conceito de decisão interlocutória em nossa legislação: ato pelo qual o juiz, no curso do processo, resolve "questão incidente" (art. 162, § 2º, CPC).

Portanto, diversamente do que se tem sustentado, não nos parece correto afirmar que "o conceito de questão incidente jamais excluiu o

---

[36] Conforme aponta, entre outros, Egas Dirceu Moniz de Aragão, *Comentários ao Código de Processo Civil*, 9. ed. Rio de Janeiro: Forense, 1998, p. 37, vol. II.
[37] *Exposição de Motivos*. Brasília, 1972, n. 33.

conceito de mérito".[38] Parece-nos bem o contrário: para o legislador de 1973, o conceito de interlocutoriedade repelia a apreciação do mérito.

Essa constatação é de fundamental importância em termos recursais. Justamente porque destinadas a tratar de questões processuais, que não enfrentavam propriamente as aspirações substanciais dos litigantes, as interlocutórias eram desafiáveis pela via do agravo. As sentenças eram apeláveis, já que a sentença constituía "o ato mais importante do juiz", segundo Alfredo Buzaid.[39]

Essa contingência explica, segundo pensamos, tanto o regime jurídico a que se submetem os agravos como as apelações.

Com efeito, tendo em conta esses campos de atuação das decisões judiciais, nosso legislador organizou os recursos cabíveis de um e de outro pronunciamento, destinando às sentenças o recurso de apelação (art. 513, CPC) e às interlocutórias o recurso de agravo (art. 522, CPC). Dada essa particularidade no que concerne ao conteúdo de cada um desses pronunciamentos, nosso legislador também organizou o desdobramento recursal que se segue a essa ou àquela espécie: a apelação tem revisão (art. 551), possibilidade de sustentação oral (art. 554), possibilidade de embargos infringentes (art. 530), recursos extraordinários (especial e extraordinário) que sobem de logo (art. 543) e, fora do âmbito recursal, desafiam ação rescisória (art. 485); o agravo não tem revisão, não tem possibilidade de sustentação oral, não há possibilidade de embargos infringentes, e eventuais recursos extraordinários sobram retidos nos autos (art. 542, § 3º). Ademais, os julgamentos tomados no desembargo dos agravos não comportam ação rescisória.

É evidente a pressuposição do legislador nesse particular. Apenas as apelações poderiam levar adiante a apreciação do mérito da causa e, por isso, teriam essas um regime jurídico mais minucioso, inspirando maior atenção e cuidado. Daí por que, por exemplo, não há possibilidade de sustentação oral em agravo de instrumento: pressupõe o Código Buzaid (1973-1994) que jamais haverá uma questão de mérito aí ventilada.

---

[38] Luiz Guilherme Marinoni e Sérgio Cruz Arenhart, *Manual do Processo de Conhecimento*, 5. ed. São Paulo: Revista dos Tribunais, 2006, p. 407.
[39] *Linhas Fundamentais do Sistema do Código de Processo Civil Brasileiro*. In: Estudos e Pareceres de Direito Processual Civil, notas de adaptação ao direito vigente de Ada Pellegrini Grinover e Flávio Luiz Yarshell. São Paulo: Revista dos Tribunais, 2002, p. 42.

Todavia, nosso Código hoje contempla a possibilidade de cisão na apreciação do mérito da causa. Caracterizada essa decisão como uma sentença parcial de mérito, que é uma sentença que ocorre no curso do processo, surge o problema: qual o recurso cabível?

Enquanto o direito brasileiro não contar com uma apelação incidente (ou parcial), por instrumento, o recurso contra a sentença parcial tem de ser o de agravo de instrumento.[40] Em substância, porém, trata-se de apelação, motivo pelo qual se pode e deve admitir, por exemplo, embargos infringentes do julgamento desse peculiar agravo, desde que concorram os demais requisitos de cabimento desse recurso (art. 530, CPC). Admite-se, igualmente, sustentação oral (art. 554, CPC), sendo necessário revisor (art. 551, CPC). O mesmo se diga do regime aplicável aos recursos especial e extraordinário: desse agravo caberá tais recursos sem que esses restem retidos nos autos.[41] De resto, desse julgamento caberá, ainda e eventualmente, ação rescisória (art. 485, CPC).

O regime jurídico que se preconiza para esse curioso agravo vai dimensionado pelo fato desse conter potencialmente uma irresignação concernente ao mérito da causa. Importaria em uma grave ofensa à "paridade de armas" no processo[42] (e, pois, ao postulado da igualdade)[43] que se possibilitasse agravo de uma parte do mérito e apelação de outra, haja vista a evidente diferença que há entre o regime de um e de outro recurso. Vale dizer: a necessidade de possibilitar-se agravo com regime de apelação para o enfrentamento da decisão que fraciona o mérito da causa tem foro constitucional entre nós (art. 5º, I, CRFB). E não olvidemos: também o Estado-juiz, pela via hermenêutica, tem o dever de organizar procedimentos que possibilitem a plena concretização dos direitos fundamentais.

---

[40] Nesse mesmo sentido, Daniel Ustárroz e Sérgio Gilberto Porto, *Manual dos Recursos Cíveis*. Porto Alegre: Livraria do Advogado, 2006, p. 79. Contra, pugnando pelo cabimento de apelação por instrumento, José Tesheiner (coord.), *Nova Sistemática Processual Civil*. Caxias do Sul: Editora Plenum, 2006, p. 44.

[41] Nesse sentido, embora com fundamentação diversa, Fredie Didier Júnior, *Inovações na Antecipação dos Efeitos da Tutela e Resolução Parcial do Mérito*. In: Gênesis Revista de Direito Processual Civil. Curitiba: Gênesis, 2002, p. 719/720, n. 26.

[42] Sobre a paridade de armas no processo civil, por todos, Giuseppe Tarzia, *Parità delle Armi tra le Parti e Poteri del Giudice nel Processo Civile*. In: Problemi del Processo Civile di Cognizione. Padova: Cedam, 1989, p. 311/320.

[43] Sobre a igualdade como postulado normativo, por todos, Humberto Ávila, *Teoria dos Princípios – Da Definição à Aplicação dos Princípios Jurídicos*, 2. ed. São Paulo: Malheiros, 2003, p. 93/94.

Como se vê, abre-se aí mais uma exceção à regra do cabimento de apelação das sentenças.[44] Também aqui, como em outros casos,[45] caberá agravo de sentença.

Conclusões

Tudo sopesado, parece-nos que o art. 273, § 6º, CPC, deve ser compreendido como uma técnica processual que possibilita o julgamento definitivo da parcela incontroversa da demanda por força da eficácia irradiante do direito fundamental a um processo sem dilações indevidas. A decisão que aprecia um dos pedidos incontroversos ou a parcela incontroversa do pedido constitui, no direito brasileiro, uma sentença parcial de mérito, atacável, pela ausência de previsão legal de uma apelação incidental e em face do postulado constitucional da igualdade, pela via do agravo de instrumento, tratado, todavia, substancialmente, como uma apelação.

Referências Bibliográficas

ALVARO DE OLIVEIRA, Carlos Alberto. *O Processo Civil na Perspectiva dos Direitos Fundamentais*. In: ALVARO DE OLIVEIRA, Carlos Alberto (org.), *Processo e Constituição*. Rio de Janeiro: Forense, 2004.

———. (coord.), *A Nova Execução – Comentários à Lei n. 11.232, de 22 de dezembro de 2005*. Rio de Janeiro: Forense, 2006.

---

[44] Sobre o ponto, com proveito, Teresa Arruda Alvim Wambier, *Os Agravos no CPC Brasileiro*, 4. ed. São Paulo: Revista dos Tribunais, 2005, p. 102 e seguintes; Luiz Rodrigues Wambier, *Sentença Civil*: Liquidação e Cumprimento, 3. ed. São Paulo: Revista dos Tribunais, 2006, p. 173; Luiz Rodrigues Wambier, Teresa Arruda Alvim Wambier e José Miguel Garcia Medina, *Breves Comentários à Nova Sistemática Processual Civil II*. São Paulo: Revista dos Tribunais, 2006, p. 37.

[45] Notório, por exemplo, que a decisão que encerra a fase de liquidação de sentença é uma sentença (conforme, entre outros, Daisson Flach. In: Alvaro de Oliveira, Carlos Alberto (coord.), *A Nova Execução – Comentários à Lei n. 11.232, de 22 de dezembro de 2005*. Rio de Janeiro: Forense, 2006, p. 63/73), nada obstante suscetível ao regime do agravo (art. 475-H, CPC), com as particularidades já indicadas (como, aliás, já havíamos sustentado anteriormente, conforme Daniel Mitidiero. In: Alvaro de Oliveira, Carlos Alberto (coord.), *A Nova Execução – Comentários à Lei n. 11.232, de 22 de dezembro de 2005*. Rio de Janeiro: Forense, 2006, p. 8; nesse mesmo sentido, por todos, Luiz Rodrigues Wambier, *Sentença Civil*: Liquidação e Cumprimento, 3. ed. São Paulo: Revista dos Tribunais, 2006, p. 173/174).

ALVARO DE OLIVEIRA, Carlos Alberto; LACERDA, Galeno. *Comentários ao Código de Processo Civil.* 7. ed. Rio de Janeiro: Forense, 2005, vol. VIII, tomo II.

ANDRADE, José Carlos Vieira de. *Os Direitos Fundamentais na Constituição Portuguesa de 1976.* 2. ed. Coimbra: Almedina, 2001.

ÁVILA, Humberto. *Teoria dos Princípios – Da Definição à Aplicação dos Princípios Jurídicos.* 2. ed. São Paulo: Malheiros, 2003.

BAPTISTA DA SILVA, Ovídio Araújo. *Comentários ao Código de Processo Civil.* São Paulo: Revista dos Tribunais, 2000, vol. XIII.

———. Decisões Interlocutórias e Sentenças Liminares. In: *Da Sentença Liminar à Nulidade da Sentença.* Rio de Janeiro: Forense, 2001.

BARBOSA MOREIRA, José Carlos. Tutela de Urgência e Efetividade do Direito. In: *Temas de Direito Processual.* São Paulo: Saraiva, 2004, Oitava Série.

BEDAQUE, José Roberto dos Santos. *Tutela Cautelar e Tutela Antecipada*: Tutelas Sumárias e de Urgência (Tentativa de Sistematização). 4. ed. São Paulo: Revista dos Tribunais, 2006.

BUENO, Cássio Scarpinella. *Tutela Antecipada.* São Paulo: Saraiva, 2004.

BUZAID, Alfredo. *Do Agravo de Petição no Sistema do Código de Processo Civil.* 2. ed. São Paulo: Saraiva, 1956.

———. *Exposição de Motivos.* Brasília, 1972.

———. *Linhas Fundamentais do Sistema do Código de Processo Civil Brasileiro.* In: Estudos e Pareceres de Direito Processual Civil, notas de adaptação ao direito vigente de Ada Pellegrini Grinover e Flávio Luiz Yarshell. São Paulo: Revista dos Tribunais, 2002.

CALMON DE PASSOS, José Joaquim. *Comentários ao Código de Processo Civil.* 9. ed. Rio de Janeiro: Forense, 2004, vol. III.

CARNEIRO, Athos Gusmão. *Da Antecipação de Tutela.* 5. ed. Rio de Janeiro: Forense, 2004.

CRUZ E TUCCI, José Rogério. *A Causa Petendi no Processo Civil.* 2. ed. São Paulo: Revista dos Tribunais, 2001.

CUNHA, Leonardo José Carneiro da. *O § 6º do art. 273 do CPC: Tutela Antecipada Parcial ou Julgamento Antecipado da Lide?.* In: Revista Dialética de Direito Processual. São Paulo: Dialética, 2003, vol. 1.

DALL'ALBA, Felipe Camilo. Julgamento Antecipado ou Antecipação dos Efeitos da Tutela do Pedido Incontroverso?. In: *Revista de Processo.* São Paulo: Revista dos Tribunais, 2005, n. 128.

DIDIER JÚNIOR, Fredie. Inovações na Antecipação dos Efeitos da Tutela e a Resolução Parcial do Mérito. In: *Gênesis Revista de Direito Processual Civil.* Curitiba: Gênesis, 2002, n. 26.

DORIA, Rogéria Dotti. *A Tutela Antecipada em Relação à Parte Incontroversa da Demanda.* 2. ed. São Paulo: Revista dos Tribunais, 2003.

FABRÍCIO, Adroaldo Furtado. Breves Notas sobre Provimentos Antecipatórios, Cautelares e Liminares. In: *Ensaios de Direito Processual.* Rio de Janeiro: Forense, 2003.

FIGUEIRA JÚNIOR, Joel Dias. *Comentários ao Código de Processo Civil.* São Paulo: Revista dos Tribunais, 2001, vol. IV, tomo I.

FLACH, Daisson. In: Alvaro de Oliveira, Carlos Alberto (coord.), *A Nova Execução – Comentários à Lei n. 11.232, de 22 de dezembro de 2005*. Rio de Janeiro: Forense, 2006.

LUISO, Francesco Paolo. *Diritto Processuale Civile*. 2. ed. Milano: Giuffrè, 1999, vol. II.

GOUVEIA, Mariana França. *A Causa de Pedir na Acção Declarativa*. Coimbra: Almedina, 2004.

HESSE, Konrad. *Elementos de Direito Constitucional da República Federal da Alemanha*. Tradução de Luís Afonso Heck. Porto Alegre: Sergio Antonio Fabris Editor, 1998.

MARINONI, Luiz Guilherme. *Tutela Antecipatória, Julgamento Antecipado e Execução Imediata da Sentença*. São Paulo: Revista dos Tribunais, 1997.

―――. *Tutela Antecipatória e Julgamento Antecipado – Parte Incontroversa da Demanda*. 5. ed. São Paulo: Revista dos Tribunais, 2002.

―――. *Teoria Geral do Processo*. São Paulo: Revista dos Tribunais, 2006.

―――; ARENHART, Sérgio Cruz. *Manual do Processo de Conhecimento*. 5. ed.. São Paulo: Revista dos Tribunais, 2006.

MITIDIERO, Daniel. *Sentenças Parciais de Mérito e Resolução Definitiva-Fracionada da Causa (Lendo um Ensaio de Fredie Didier Júnior)*. In: Introdução ao Estudo do Processo Civil – Primeiras Linhas de um Paradigma Emergente. Porto Alegre: Sergio Antonio Fabris Editor, 2004, em co-autoria com Hermes Zaneti Júnior.

―――. *Elementos para uma Teoria Contemporânea do Processo Civil Brasileiro*. Porto Alegre: Livraria do Advogado, 2005.

―――. *Comentários ao Código de Processo Civil*. São Paulo: Memória Jurídica Editora, 2005, tomo II.

―――. *Comentários ao Código de Processo Civil*. São Paulo: Memória Jurídica Editora, 2006, tomo III.

―――. In: ALVARO DE OLIVEIRA, Carlos Alberto (coord.). *A Nova Execução – Comentários à Lei n. 11.232, de 22 de dezembro de 2005*. Rio de Janeiro: Forense, 2006.

MONIZ DE ARAGÃO, Egas Dirceu. *Comentários ao Código de Processo Civil*. 9. ed. Rio de Janeiro: Forense, 1998, vol. II.

NERY JÚNIOR, Nélson; ANDRADE NERY, Rosa Maria. *Código de Processo Civil Comentado e Legislação Extravagante*. 9. ed. São Paulo: Revista dos Tribunais, 2006.

PONTES DE MIRANDA, Francisco Cavalcanti. *Comentários ao Código de Processo Civil*. 3. ed. Rio de Janeiro: Forense, 1997, tomo IV.

PORTO, Sérgio Gilberto; USTÁRROZ, Daniel. *Manual dos Recursos Cíveis*. Porto Alegre: Livraria do Advogado, 2006.

PROTO PISANI, Andrea. *Lezioni di Diritto Processuale Civile*. 4. ed. Napoli: Jovene, 2002.

SANT'ANNA, Paulo Afonso de Souza. *Hipóteses para Concessão da Tutela Antecipatória da Parte Incontroversa da Demanda (Art. 273, § 6°, CPC)*. In: Revista de Processo. São Paulo: Revista dos Tribunais, 2005, n. 121.

SARLET, Ingo Wolfgang. *A Eficácia dos Direitos Fundamentais*. 4. ed. Porto Alegre: Livraria do Advogado, 2004.

SILVA, Jaqueline Mielke; XAVIER, José Tadeu Neves. *Reforma do Processo Civil*. Porto Alegre: Verbo Jurídico, 2006.

TARZIA, Giuseppe. *Parità delle Armi tra le Parti e Poteri del Giudice nel Processo Civile*. In: Problemi del Processo Civile di Cognizione. Padova: Cedam, 1989.

———. *Lineamenti del Processo Civile di Cognizione*. 2. ed. Milano: Giuffrè, 2002.

TESHEINER, José (coord.). *Nova Sistemática Processual Civil*. Caxias do Sul: Editora Plenum, 2006.

VAZ, Paulo Afonso Brum. *Manual da Tutela Antecipada*. Porto Alegre: Livraria do Advogado, 2002.

WAMBIER, Luiz Rodrigues. *Sentença Civil*: Liquidação e Cumprimento. 3. ed. São Paulo: Revista dos Tribunais, 2006.

WAMBIER, Teresa Arruda Alvim. *Os Agravos no CPC Brasileiro*. 4. ed. São Paulo: Revista dos Tribunais, 2005.

———; WAMBIER, Luiz Rodrigues; MEDINA, José Miguel Garcia. *Breves Comentários à Nova Sistemática Processual Civil II*. São Paulo: Revista dos Tribunais, 2006.

ZAGREBELSKY, Gustavo. *Il Diritto Mitte – Legge, Diritti, Giustizia*. 13. ristampa. Torino: Einaudi, 2005.

3. O Direito Fundamental à Tutela Jurisdicional Satisfativa Interinal de Urgência no Estado Constitucional e o Caso Paradigmático do Direito Ambiental

Sumário: Introdução; 3.1. Tutelas Jurisdicionais de Urgência. Direito à Tutela Jurisdicional Efetiva como Direito Fundamental. Conseqüências dessa Impostação. Em Especial: os Problemas Atinentes à Tutela Satisfativa Interinal de Urgência no Direito Brasileiro. 3.2. Discurso Jurídico no Estado Constitucional. Maleabilidade do Direito ("Il Diritto Mitte"). Discurso do Caso Especial e Superação de Regras. Postulados Normativos Aplicativos. Aplicação no Âmbito do Processo Civil. Possibilidades Teóricas e Pragmáticas; 3.3. O Caso Paradigmático do Direito Ambiental; Conclusões; Referências bibliográficas.

Introdução

O presente articulado tem por desiderato específico coligir algumas notas a propósito da realização concreta do direito fundamental à tutela jurisdicional satisfativa interinal de urgência no Estado Constitucional brasileiro, abordando-se o tema a partir da idéia de "formalismo-valorativo", *nova methodus* na história do direito processual civil, relacionando-o, ainda, com o direito ambiental e a tensão essencial que a especificidade desse direito provoca na estrutura do ordenamento jurídico. Dada a brevidade proposta, passa-se desde logo para o exame da temática posta ao debate.

3.1. Tutelas Jurisdicionais de Urgência. Direito à Tutela Jurisdicional Efetiva como Direito Fundamental. Conseqüências dessa Impostação. Em Especial: os Problemas Atinentes à Tutela Satisfativa Interinal de Urgência no Direito Brasileiro

Seguramente, ninguém mais coloca em questão a existência, na ordem jurídica brasileira, do direito fundamental à tutela jurisdicional efetiva (art. 5º, XXXV, CRFB).[1] A "ação" processual vai encarada, em face dessa perspectiva, como um direito compósito – como um direito a exercer, ao longo do formalismo processual, as posições jurídicas subjetivas asseguradas a todos pela cláusula do devido processo legal processual (art. 5º, LIV, CRFB).[2]

Como decorrência dessa impostação, tem-se sustentado, acertadamente, que a "ação" processual hoje só pode ser concebida como uma "ação" adequada à tutela dos direitos.[3] A fundamentalidade desse direito à jurisdição, formal e material, impõe essa especial e qualificada dignidade ao acesso à ordem jurídica. Ponto de capital importância nessa linha está na possibilidade de se obter, à vista de certos pressupostos constitucionais e legais, tutela satisfativa interinal de urgência (art. 273, I, CPC), quando essa se mostrar necessária e adequada para proteção da esfera jurídica de quem quer que tenha se disposto a trilhar o caminho do juízo.

O direito à tutela satisfativa interinal de urgência tem densidade constitucional entre nós (art. 5º, XXXV c/c LXXVIII, CRFB). Conseqüência central desse valor normativo diferenciado está em que tem o Estado, tanto na sua feição legislativa como em sua feição judiciária, de outorgar aplicação imediata a tais preceitos constitucionais (art. 5º, § 1º, CRFB).[4]

---

[1] Por todos, Luiz Guilherme Marinoni, *Técnica Processual e Tutela dos Direitos*. São Paulo: Revista dos Tribunais, 2004, p. 166 e seguintes.

[2] Sobre o tema, Daniel Mitidiero, *Elementos para uma Teoria Contemporânea do Processo Civil Brasileiro*. Porto Alegre: Livraria do Advogado, 2005, p. 120.

[3] Conforme Luiz Guilherme Marinoni, *Da Ação Abstrata e Uniforme à Ação Adequada à Tutela dos Direitos*. In: Amaral, Guilherme Rizzo e Machado, Fábio Cardoso (orgs.), Polêmica sobre a Ação – A Tutela Jurisdicional na Perspectiva das Relações entre o Direito e o Processo. Porto Alegre: Livraria do Advogado, 2006, p. 197 e seguintes. Conforme, ainda, Luiz Guilherme Marinoni, *Teoria Geral do Processo*. São Paulo: Revista dos Tribunais, 2006, p. 215 e seguintes.

[4] Sobre o assunto, na doutrina brasileira, Ingo Wolfgang Sarlet, *A Eficácia dos Direitos Fundamentais*, 4. ed. Porto Alegre: Livraria do Advogado, 2004, p. 223 e seguintes.

No gênero tutelas de urgência encontram-se alocadas três espécies: a tutela satisfativa autônoma de urgência, a tutela satisfativa interinal de urgência e a tutela cautelar.[5] A nota comum entre esses provimentos jurisdicionais está em que, autorizado pela urgência e por outros pressupostos legais, pode o juiz inverter procedimentalmente a ordem das cousas, antecipando para um momento anterior algo que, normalmente, só se conseguiria lograr ao final do processo ou, ao menos, quando o provimento jurisdicional encontrasse um grau de maturidade especial, como refere Federico Carpi.[6]

A caracterização e a disciplina da tutela satisfativa interinal de urgência, em nosso direito, são por demais conhecidas.[7] Nos primeiros termos, tem-se dito que a tutela satisfativa interinal de urgência é aquela que se pode obter no curso de determinado processo jurisdicional e que vem realizar, concretamente, o direito, a pretensão ou a ação afirmados pelo demandante na petição inicial. Tem por desiderato outorgar provisoriamente proteção judicial à verossimilhança de determinada situação de vantagem à vista do perigo na demora da prestação jurisdicional.[8] Tal proteção pode revestir caráter mandamental ou executivo (*stricto sensu* ou *lato sensu*), que será cumprida na forma da legislação pertinente (art. 273, § 3º, CPC).[9]

Quanto à disciplina, refere a legislação que não se pode prestar tutela satisfativa interinal de urgência de ofício, sendo de rigor o requerimento da parte (art. 273, *caput*, CPC), além de se proibir a antecipação quando houver perigo de irreversibilidade da situação fáctico-jurídica oriunda da eficácia do provimento (art. 273, § 2º, CPC). Ademais, nossa legislação proíbe, no mais das vezes, a concessão de tutela satisfativa interinal de urgência contra o poder público (art. 1º, Lei n. 9.494, de 1997), sobre a doutrina vedar a tutela satisfativa

---

[5] Por todos, Ovídio Araújo Baptista da Silva, *Curso de Processo Civil*, 3. ed. São Paulo: Revista dos Tribunais, 2000, p. 16, vol. III.

[6] *La Provvisoria Esecutorietà della Sentenza*. Milano: Giuffrè, 1979, passim.

[7] Sobre o tema, Daniel Mitidiero, *Comentários ao Código de Processo Civil*. São Paulo: Memória Jurídica Editora, 2006, p. 43 e seguintes, tomo III (arts. 270 a 331).

[8] Acerca dessa caracterização, por todos, Ovídio Araújo Baptista da Silva, *Curso de Processo Civil*, 3. ed. São Paulo: Revista dos Tribunais, 2000, passim, vol. III.

[9] Sobre o cumprimento da tutela satisfativa interinal de urgência, esse deve seguir, essencialmente, o art. 475-I, CPC, que refere que o cumprimento da sentença pode se dar por execução em senso estrito (art. 475-J e seguintes), por execução em senso amplo (art. 461-A) e por efetivação (art. 461). A disciplina, evidentemente, é aplicável à antecipação da tutela satisfativa (art. 273, § 3º).

interinal de urgência quando a lei exige o trânsito em julgado para que se dê a eficácia da sentença (por exemplo, art. 466-A, CPC).

Em termos abstratos, todavia, essa disciplina jurídica que se acomete à tutela satisfativa interinal de urgência pode e deve ser problematizada. Esse o pano de fundo, aliás, com o qual se trabalhará no tópico subseqüente.

3.2. Discurso Jurídico no Estado Constitucional. Maleabilidade do Direito ("Il Diritto Mitte"). Discurso do Caso Especial e Superação de Regras. Postulados Normativos Aplicativos. Aplicação no Âmbito do Processo Civil. Possibilidades Teóricas e Pragmáticas

O Estado Constitucional, em termos de teoria do direito, pode ser reconduzido, segundo a conhecida proposta de Gustavo Zagrebelsky,[10] ao direito "mitte" – maleável, moldável, dúctil, líquido. O direito deixa de ser apenas um elemento pré-dado pelo legislador a que cabe o juiz tão-somente declarar numa atividade mecânica para ser compreendido como um problema que deve ser resolvido pelas partes e pelo juiz, em diálogo, a fim de que se encontre a solução mais justa para o caso concreto.[11] Passa-se a empregar, na ciência jurídica, uma racionalidade prática em detrimento de uma racionalidade puramente teórica (vai-se da *scientia juris* à *juris prudentia*, como pondera Gustavo Zagrebelsky[12]). A justiça passa novamente, como observa José Reinaldo de Lima Lopes,[13] a ser uma preocupação do direito.

Na perspectiva do direito processual civil, o Estado Constitucional requer como método de trabalho o "formalismo-valorativo", fecun-

---

[10] *Il Diritto Mitte – Legge, Diritti, Giustizia*, 13 ristampa. Torino: Einaudi, 2005, principalmente p. 147 e seguintes.

[11] Nesse sentido, no âmbito da teoria do direito, Antônio Castanheira Neves, *Metodologia Jurídica – Problemas Fundamentais*. Coimbra: Coimbra Editora, 1993, p. 79/81; no âmbito do processo civil, Carlos Alberto Alvaro de Oliveira, D*o Formalismo no Processo Civil*, 2. ed. São Paulo: Saraiva, 2003, p. 223/224.

[12] *Il Diritto Mitte – Legge, Diritti, Giustizia*, 13 ristama. Torino: Einaudi, 2005, p. 163 e seguintes.

[13] *As Palavras e a Lei – Direito, Ordem e Justiça no Pensamento Jurídico Moderno*. São Paulo: Editora 34, 2004, p. 267.

da proposta de Carlos Alberto Alvaro de Oliveira.[14] Vale dizer: requer, no que agora nos interessa observar, o reconhecimento da importância e da eficácia potencializada dos direitos fundamentais processuais na construção do processo justo (porquanto é evidente que somente um processo justo pode produzir soluções justas, como observa, dentre outros, Marie-Emma Boursier).[15] Nesse especial, ganha a quadra o problema da hermenêutica constitucional e de como, dogmaticamente, se pode de maneira tópica superar algumas regras que, eventualmente, possam estar a obstar a realização do devido processo legal processual.

Consoante Humberto Ávila, a ordem jurídica prevê a possibilidade de trabalhar eventuais colisões entre normas mediante o emprego de postulados normativos aplicativos.[16] No que concerne ao tema sob análise, assume particular relevo na discussão dos problemas postos o postulado normativo aplicativo da razoabilidade, especificamente na sua acepção de razoabilidade como eqüidade. Vejamos.

a) Consoante já se disse, não se concede antecipação de tutela satisfativa de ofício no sistema do Código de Processo Civil brasileiro. Na normalidade dos casos, pois, prevalece o veto legal específico a respeito do assunto, constante do cabeço do art 273, CPC: excepcionalmente, porém, é possível, alçando-se mão do postulado normativo aplicativo da razoabilidade (na sua expressão de razoabilidade como eqüidade),[17] a atividade jurisdicional oficiosa acerca do tema, tendo em conta alguma particularidade muito especial evidenciada nos autos, a reclamar a "harmonização da norma geral com o caso individual".[18] A eqüidade desponta, aqui, como bem observa Carlos Alberto Alvaro de Oliveira,[19] como uma exigência inarredável para que se alcance a justiça do caso concreto, fim último do processo civil contemporâneo.

---

[14] Sobre o assunto, amplamente, consulte-se Carlos Alberto Alvaro de Oliveira, *Do Formalismo no Processo Civil*, 2. ed. São Paulo: Saraiva, 2003, passim e Daniel Mitidiero, Elementos para uma Teoria Contemporânea do Processo Civil Brasileiro. Porto Alegre: Livraria do Advogado, 2005, *passim*.

[15] *Le Principe de Loyauté en Droit Processuel*. Paris: Dalloz, 2003, p. 425.

[16] Acerca, Humberto Ávila, *Teoria dos Princípios – Da Definição à Aplicação dos Princípios Jurídicos*, 2. ed. São Paulo: Malheiros, 2003, p. 79 e seguintes.

[17] Sobre a categoria dos postulados normativos aplicativos, consulte-se Humberto Ávila, *Teoria dos Princípios – Da Definição à Aplicação dos Princípios Jurídicos*, 2. ed. São Paulo: Malheiros, 2003, p. 94/103.

[18] Idem, p. 95.

[19] *Do Formalismo no Processo Civil*, 2. ed. São Paulo: Saraiva, 2003, p. 212.

Doutrina de expressão, aliás, já teve a oportunidade de posicionar-se nesse sentido.[20] Aresto de escol, igualmente.[21]

Em senso contrário, registra Araken de Assis que "o art. 273, *caput*, condiciona à iniciativa da parte a antecipação dos efeitos do pedido. De modo absoluto, exclui a iniciativa do próprio órgão judiciário, situando o pleito na área reservada, pelo princípio dispositivo (art. 262), à parte".[22] O alvitre, todavia, desconhece, de um lado, que o absoluto pouco ou quase nunca comparece ao terreno jurídico, necessariamente contingente, de vez que encartado nos domínios do homem e de sua cultura[23] (o dogma da plenitude da norma, onipotente e inflexível, aliás, de há muito foi abandonado pela hermenêutica contemporânea),[24] ignorando, de outro, que a decisão a respeito da antecipação da tutela satisfativa envolve questões da própria causa, plantadas evidentemente pela parte (arts. 128 e 262, CPC), com o que vai atendido o princípio da demanda (também conhecido como princípio dispositivo em sentido material)[25] e que as técnicas processuais estão alocadas, ao menos em potência, nos domínios de atuação do órgão jurisdicional, porquanto elementos forjados para realização de um processo justo e équo,[26] donde se vê o desacerto da repulsa liminar à solução ora proposta. Daí por que qualquer enunciado absoluto, em direito, é de extrema gravidade, como bem observa Carlos Alberto Alvaro de Oliveira.[27]

---

[20] José Roberto dos Santos Bedaque. In: Antônio Carlos Marcato (coord.), *Código de Processo Civil Interpretado*. São Paulo: Atlas, 2004, p. 807. Nesse mesmo sentido, ainda, Benedito Pereira Filho, *Tutela Antecipada*: Concessão de Ofício?. In: Gênesis Revista de Direito Processual Civil. Curitiba: Gênesis, 2004, p. 223/238, n. 32. Criticando o alvitre legal, Luiz Fux, *Curso de Direito Processual Civil*, 2. ed. Rio de Janeiro: Forense, 2004, p. 57/58.

[21] TRF 4ª Região, 3ª Turma, AC n. 2001.04.01.085202-9-RS, rel. Juíza Federal Vânia Hack de Almeida, j. em 12.09.2005.

[22] *Antecipação de Tutela*. In: Teresa Arruda Alvim Wambier (coord.), Aspectos Polêmicos da Antecipação de Tutela. São Paulo: Revista dos Tribunais, 1997, p. 22.

[23] Assim, Antônio Castanheira Neves, *Metodologia Jurídica – Problemas Fundamentais*. Coimbra: Coimbra Editora, 1993, p. 13.

[24] Acerca, com grande proveito, Nicola Picardi, *La Vocazione del Nostro Tempo per la Giurisdizione*. In: Rivista Trimestrale di Diritto e Procedura Civile. Milano: Giuffrè, 2004, p. 41/71, n. 1.

[25] Mauro Cappelletti, *La Testimonianza della Parte nel Sistema dell'Oralità – Contributo alla Teoria della Utilizzazione Probatoria del Sapere delle Parti nel Processo Civile*. Milano: Giuffrè, 1962, p. 353/365, vol. I. Sobre essa sinonímia consulte-se, ainda, Daniel Mitidiero, Comentários ao *Código de Processo Civil*. São Paulo: Memória Jurídica Editora, 2004, p. 541/543, tomo I.

[26] Sobre esse assunto, Tito Carnacini, *Tutela Giurisdizionale e Tecnica del Processo*. In: Studi in Onore di Enrico Redenti nel XL anno del suo Insegnamento. Milano: Giuffrè, 1951, p. 693/772, vol. II.

[27] *Do Formalismo no Processo Civil*, 2. ed. São Paulo: Saraiva, 2003, p. 215.

b) Consoante igualmente já se declinou, outro pressuposto da antecipação da tutela satisfativa com base no art. 273, I, CPC, está na observância de um "requisito negativo",[28] classificado mesmo de odioso por Luiz Fux,[29] vedando a concessão da mesma "quando houver perigo de irreversibilidade do provimento antecipado" (art. 273, § 2º). Anote-se, de início, que a irreversibilidade de que cuida nossa legislação não atine propriamente ao "provimento antecipado" (esse, porque normativo, sempre será reversível), mas sim aos efeitos do provimento jurisdicional, observação essa que se oferece corrente na doutrina brasileira.[30] Isso quanto à forma. Quanto ao fundo, tem-se criticado o legislador em função da generalidade da proibição contida no ditame em análise. Com efeito, como anota Carlos Alberto Alvaro de Oliveira, o requisito negativo da irreversibilidade dos efeitos da antecipação não poderá incidir sempre e indiscriminadamente, declinando que "a restrição generalizada e indistinta estatuída no § 2º do art. 273 trata o problema de forma míope, por privilegiar demasiadamente e de forma engessada o ponto de vista da parte demandada em detrimento do autor da providência. Este também pode estar em risco de sofrer prejuízo irreparável, em virtude de irreversibilidade fática de alguma situação da vida. Só o órgão judicial está habilitado para apreciar o conflito de valores no caso concreto, sempre presente por sinal em qualquer problema humano, e dar-lhe solução adequada. A resposta *a priori* do legislador esbarra com as exigências da própria vida, desconhecendo além do mais a riqueza infinita da problemática do viver humano. Essa realidade determina a validade relativa da regra mencionada, pois sempre que se verificar o conflito o juiz haverá de se inclinar pelo provável titular do direito em discussão, sob pena de dificultar o acesso à jurisdição, com violação evidente da garantia contida no inciso XXXV do art. 5º da Constituição da República".[31] Nesse mesmo diapasão, ensina Teori Albino Zavascki que "a vedação inscrito no citado § 2º deve ser

---

[28] Athos Gusmão Carneiro, *Da Antecipação de Tutela*, 5. ed. Rio de Janeiro: Forense, 2004, p. 80.

[29] *Tutela de Segurança e Tutela da Evidência (Fundamentos da Tutela Antecipada)*. São Paulo: Saraiva, 1996, p. 350.

[30] Por todos, Carlos Alberto Alvaro de Oliveira, *Comentários ao Código de Processo Civil*, 6. ed. Rio de Janeiro: Forense, 2002, p. 6, vol. VIII, tomo II, em co-autoria com Galeno Lacerda; *Perfil Dogmático da Tutela de Urgência*. In: Revista da Ajuris. Porto Alegre: s/ed., 1997, p. 220, n. 70.

[31] *Comentários ao Código de Processo Civil*, 6. ed. Rio de Janeiro: Forense, 2002, p. 24, vol. VIII, tomo II, em co-autoria com Galeno Lacerda; *Perfil Dogmático da Tutela de Urgência*. In: Revista da Ajuris. Porto Alegre: s/ed., 1997, p. 239, n. 70.

relativizada, sob pena de comprometer quase por inteiro o próprio instituto da antecipação de tutela. Com efeito, em determinadas circunstâncias, a reversibilidade corre algum risco, notadamente quanto à reposição in natura da situação fática anterior. Mesmo nestas hipóteses, é viável o deferimento da medida desde que manifesta a verossimilhança do direito alegado e dos riscos decorrentes da sua não fruição imediata. Privilegia-se, em tal situação, o direito provável em relação ao improvável".[32] A propósito, o Superior Tribunal de Justiça tem inúmeros precedentes nesse sentido.[33]

Nossa doutrina tem procurado sustentar a possibilidade de superação da regra do art. 273, § 2o, CPC, à força do "princípio da proporcionalidade".[34] Segundo pensamos, entrementes, esse alvitre padece de duas inadequações: a uma, porque as normas tipo princípios não se encontram vocacionadas a debelar o conflito entre duas normas (dentro da teoria das normas, a categoria a que se reserva esse papel é a dos postulados normativos aplicativos[35]) e, a duas, porquanto o postulado normativo aplicativo da proporcionalidade, nada obstante se ofereça inequivocamente como um típico exemplo de metanorma,[36] não traz em si o método mais correto para destrinchar a hipótese ora em tela. Nem toda idéia de proporção, de sopesamento, leva à configuração do postulado normativo aplicativo da proporcionalidade.[37] No caso ora levantado, a superação do art. 273, § 2º, CPC, dá-se por apelo ao postulado normativo aplicativo da razoabilidade, tendo em conta que o precitado ditame, aí, incidirá em menor escala à vista de uma espe-

---

[32] *Antecipação da Tutela*, 2. ed. São Paulo: Saraiva, 1999, p. 97.
[33] Entre muitos, consulte-se 4ª Turma, REsp n. 417.005/SP, rel. Min. Ruy Rosado de Aguiar Júnior, j. em 25.11.2002, DJ 19.12.2002, p. 368.
[34] Assim, entre outros, Athos Gusmão Carneiro, *Da Antecipação de Tutela*, 5. ed. Rio de Janeiro: Forense, 2004, p. 81; Sálvio de Figueiredo Teixeira, *Código de Processo Civil Anotado*, 7ª ed. São Paulo: Saraiva, 2003, p. 214; José Roberto dos Santos Bedaque, In: Antônio Carlos Marcato (coord.), *Código de Processo Civil Interpretado*. São Paulo: Atlas, 2004, p. 798/799; Joel Dias Figueira Júnior, *Comentários ao Código de Processo Civil*. São Paulo: Revista dos Tribunais, 2001, p. 227/231, vol. IV, tomo I; José Carlos Barbosa Moreira, Tutela de Urgência e Efetividade do Direito. In: *Gênesis Revista de Direito Processual Civil*. Curitiba: Gênesis, 2003, p. 297, n. 28; Teresa Arruda Alvim Wambier, Da Liberdade do Juiz na Concessão de Liminares e a Tutela Antecipatória. In: Teresa Arruda Alvim Wambier (coord.), *Aspectos Polêmicos da Antecipação de Tutela*. São Paulo: Revista dos Tribunais, 1997, p. 542.
[35] Humberto Ávila, *Teoria dos Princípios – Da Definição à Aplicação dos Princípios Jurídicos*, 2. ed. São Paulo: Malheiros, 2003, p. 119/121.
[36] Idem, p. 79/117.
[37] Idem, p. 104.

cificidade do caso concreto, que conduza à solução diversa da encartada em lei.[38]

c) Já vimos que o direito à jurisdição, à tutela jurisdicional, tem dimensão constitucional entre nós, tendo sido alçado à dignidade de direito fundamental (art. 5º, XXXV, CRFB), com aplicação imediata (art. 5º, § 1º, CRFB). Essa impostação é prenhe de conseqüências: não só o legislador infraconstitucional é devedor de estruturas normativas e organizacionais que satisfaçam o direito à tutela jurisdicional, mas também o próprio órgão judicial está gravado com idêntico encargo. Os direitos fundamentais vinculam o Estado em toda sua extensão. Ainda que a concretização dos direitos fundamentais seja, em primeiro lugar, tarefa do legislador, como refere Konrad Hesse,[39] a ausência de legislação infraconstitucional ou mesmo a deficiência da legislação existente autoriza o Poder Judiciário a concretizar de maneira imediata o direito fundamental à tutela jurisdicional. Isso porque, como esclarece José Carlos Vieira de Andrade, "o princípio da aplicabilidade directa valerá como indicador da *exeqüibilidade potencial* das normas constitucionais, presumindo-se a sua 'perfeição', isto é, a sua auto-suficiência baseada no carácter *determinável* do respectivo conteúdo de sentido. Vão, pois, aqui incluídos o *dever* dos juízes e dos demais operadores jurídicos de aplicarem os preceitos constitucionais e a *autorização* para com esse fim os concretizarem por via interpretativa".[40] Nesse mesmo sentido, aliás, as lições de Carlos Alberto Alvaro de Oliveira[41] e Luiz Guilherme Marinoni.[42]

De acordo com o nosso Código de Processo Civil, "a efetivação da tutela antecipada observará, no que couber e conforme sua natureza, as normas previstas nos arts. 588, 461, §§ 4º e 5º, e 461-A" (art. 273, § 3º). Se o pedido do demandante visar a uma "condenação", ao paga-

---

[38] Nesse mesmo sentido, Ana Paula Oliveira Ávila, *Razoabilidade, Proteção do Direito Fundamental à Saúde e Antecipação de Tutela contra a Fazenda Pública*. In: Revista da Ajuris. Porto Alegre: s/ed., 2002, p. 364/366, n. 86, tomo II. De resto, sobre a configuração do postulado normativo aplicativo da razoabilidade, consulte-se Humberto Ávila, *Teoria dos Princípios – Da Definição à Aplicação dos Princípios Jurídicos*, 2. ed. São Paulo: Malheiros, 2003, p. 94/103.

[39] *Elementos de Direito Constitucional da República Federal da Alemanha*, tradução de Luís Afonso Heck. Porto Alegre: Sergio Antonio Fabris Editor, 1998, p. 247.

[40] *Os Direitos Fundamentais na Constituição Portuguesa de 1976*, 2. ed. Coimbra: Almedina, 2001, p. 202.

[41] *O Processo Civil na Perspectiva dos Direitos Fundamentais*. In: Alvaro de Oliveira, Carlos Alberto (org.), Processo e Constituição. Rio de Janeiro: Forense, 2004, p. 5/6.

[42] *Técnica Processual e Tutela dos Direitos*. São Paulo: Revista dos Tribunais, 2004, p. 220/221.

mento de uma soma em dinheiro, então o estatuto jurídico aplicável, em princípio, é o do art. 588, CPC, que disciplina a execução obrigacional provisória, cuja operação se dá via expropriação.[43] É certo, todavia, que não se lhe fecha, acaso extremamente necessário, o caminho da "execução" sob pena de multa, tendo em conta a promessa constitucional de um processo justo e équo,[44] que é necessariamente tempestivo.[45] Não calha argumentar, pois, como fez Júlio César Goulart Lanes,[46] que a ausência de lei, na espécie, impediria a utilização da técnica aventada, porque também o juiz é devedor do direito fundamental à tutela jurisdicional efetiva. Não se pode excluir cabalmente, portanto, como igualmente o fez Guilherme Rizzo Amaral,[47] a utilização da multa para tutela das obrigações de pagar quantia, porquanto, consoante já observamos, a construção do devido processo legal processual é sempre uma empresa em constante atualização concreta, não sendo adequado vedar-se de forma apriorística essa ou aquela técnica para tutela jurisdicional do direito.

É claro, porém, que o problema da tutela jurisdicional obedece a certas balizas que devem ser observadas no quando da prolação dos provimentos judiciais.[48] Como bem adverte Carlos Alberto Alvaro de Oliveira, as técnicas processuais que servem à tutela jurisdicional do direito devem pautar-se, entre outras, pelas normas da adequação, da segurança e da efetividade, de modo a tornar constitucionalmente le-

---

[43] Sobre o assunto, Araken de Assis, *Comentários ao Código de Processo Civil*, 2ª ed. Rio de Janeiro: Forense, 2004, p. 210/215, vol. VI.

[44] Assim, Luiz Guilherme Marinoni e Sérgio Cruz Arenhart, *Manual do Processo de Conhecimento*, 2. ed. São Paulo: Revista dos Tribunais, 2003, p. 268. Mais profundamente, Luiz Guilherme Marinoni, *Técnica Processual e Tutela dos Direitos*. São Paulo: Revista dos Tribunais, 2004, p. 203/205; *A Antecipação da Tutela*, 8. ed. São Paulo: Malheiros, 2004, p. 246/287.

[45] Nesse sentido, assinala Carlos Alberto Alvaro de Oliveira que "o processo só tem sentido quando atinge a sua principal finalidade em tempo relativamente proporcional às dificuldades da causa" (*Do Formalismo no Processo Civil*, 2. ed. São Paulo: Saraiva, 2003, p. 122/123).

[46] *A Execução Provisória e a Antecipação da Tutela dos Deveres de Pagar Quantia*: Soluções para a Efetividade Processual. In: Amaral, Guilherme Rizzo e Carpena, Márcio Louzada (coords.), *Visões Críticas do Processo Civil Brasileiro – Uma Homenagem ao Prof. Dr. José Maria Rosa Tesheiner*. Porto Alegre: Livraria do Advogado, 2005, p. 165.

[47] *As Astreintes e o Processo Civil Brasileiro – Multa do Artigo 461 do CPC e Outras*. Porto Alegre: Livraria do Advogado, 2004, p. 88.

[48] Especificamente sobre o problema da caracterização das espécies de tutelas jurisdicionais dos direitos, consulte-se, por todos, Luiz Guilherme Marinoni, *Tutela Inibitória*, 2. ed. São Paulo: Revista dos Tribunais, 2000, p. 410/427; *Técnica Processual e Tutela dos Direitos*. São Paulo: Revista dos Tribunais, 2004, p. 249/668.

gítimo o comportamento jurisdicional.[49] O discurso judiciário, pois, deve atender a esses parâmetros no quando da sentença, a fim de que não desborde da cláusula do devido processo legal.

d) Em princípio, há proibição de antecipação de tutela satisfativa contra a Fazenda Pública.[50] Ciente de que o processo civil é um poderoso instrumento de poder,[51] fato que a história registra desde a emblemática edição do *Code Louis*, no século XVII, em que Luís XIV se apropria do *ordo iudiciarius*, estatalizando-o,[52] tornando o terreno ainda mais fértil para cabal passagem do *iudicium* ao *processus*,[53] o legislador brasileiro promulgou a Lei n. 9.494, de 1997, que, reportando-se à Lei n. 8.437, de 1992, opõe uma série de restrições à antecipação da tutela satisfativa contra a Fazenda Pública, ao que pensamos, de ma-

---

[49] *Efetividade e Tutela Jurisdicional*. In: Revista Processo e Constituição – Coleção Galeno Lacerda de Estudos de Direito Processual Constitucional. Porto Alegre: Faculdade de Direito, UFRGS, 2005, n. II. Segundo Carlos Alberto Alvaro de Oliveira, essas normas são típicas do plano processual e visam fundamentalmente a organizar o processo e melhor instrumentalizar a realização do direito material para alcançar-se a justiça do caso. A norma da adequação "exige a conformidade do instrumento ao direito material, comportando tanto aspectos subjetivos e objetivos como teleológicos, os quais devem funcionar de modo simultâneo para que o processo alcance o máximo de eficiência"; a norma da segurança "diz respeito especialmente às garantias de defesa. Por exemplo: não se admite a declaração da existência ou inexistência de mero fato (salvo o incidente de falsidade de documento), mas apenas de relação jurídica, quando em tese já teria ocorrido a incidência da norma; a condenação é a tutela adequada quando se trate de agredir o patrimônio alheio, que não pertença ao exeqüente, permitindo-se assim maiores possibilidades de defesa" e a norma da efetividade "impõe a superação de modelos ultrapassados de tutela jurisdicional para certas situações lesivas do direito material, em prol de mais eficaz e rápida realização do direito material (daí, o surgimento das tutelas executivas e mandamental)".

[50] Em princípio, gize-se, porque também aqui tem cabimento a invocação do postulado normativo aplicativo da razoabilidade, assim como, quando eventualmente cabíveis, os demais postulados normativos aplicativos, a fim de que se supere o veto infraconstitucional. Igualmente relativizando essas restrições, consulte-se Cássio Scarpinella Bueno, *Tutela Antecipada e Ações contra o Poder Público* (Reflexão quanto a seu Cabimento como Conseqüência da Necessidade de Efetividade do Processo). In: Teresa Arruda Alvim Wambier (coord.), Aspectos Polêmicos da Antecipação de Tutela. São Paulo: Revista dos Tribunais, 1997, p. 37/100. Do mesmo modo, superando o óbice legal à força da garantia da inafastabilidade da tutela jurisdicional, consulte-se, ainda, Carlos Augusto Silva, *O Processo Civil como Estratégia de Poder*: Reflexo da Judicialização da Política no Brasil. Rio de Janeiro: Renovar, 2004, p. 163/194.

[51] Assim, Carlos Alberto Alvaro de Oliveira, *O Processo Civil na Perspectiva dos Direitos Fundamentais*. In: Carlos Alberto Alvaro de Oliveira (org.), Processo e Constituição. Rio de Janeiro: Forense, 2004, p. 1; Hermes Zaneti Júnior, *O Problema da Verdade no Processo Civil: Modelos de Prova e de Procedimento Probatório*. In: Introdução ao Estudo do Processo Civil – Primeiras Linhas de um Paradigma Emergente. Porto Alegre: Sérgio Antônio Fabris Editor, 2004, p. 118/119, em co-autoria com Daniel Mitidiero.

[52] Sobre esse assunto, Nicola Picardi, *Il Giudice e la Legge nel* Code Louis. In: Rivista di Diritto Processuale. Padova: Cedam, 1995, p. 33/48, vol. L, parte I.

[53] Acerca, Nicola Picardi, *Processo Civile (Diritto Moderno)*. In: Enciclopedia del Diritto. Milano: Giuffrè, 1987, p. 101/117, especialmente p. 113/117, vol. XXXVI.

neira totalmente inconstitucional, tendo em conta que a jurisdição de urgência é um elemento conatural à garantia da inafastabilidade da tutela jurisdicional (art. 5º, XXXV, CRFB). Importa observar, porém, que a constitucionalidade desses vetos legais já fora examinada, ainda que provisoriamente, pelo Supremo Tribunal Federal, ocasião em que se acertou a constitucionalidade dos mesmos.[54] Ressalte-se, todavia, que esse julgamento não alcança a jurisdição de urgência em matéria previdenciária, tal como se depreende do teor da súmula n. 729 desse mesmo sodalício ("a decisão na ADC-4 não se aplica à antecipação de tutela em causa de natureza previdenciária"). Tal exceção está a indicar o caminho: concretamente, podem-se superar as regras legais que vedam a antecipação de tutela contra o poder público à vista do manejo de postulados normativos aplicativos.[55]

e) Registra a doutrina, de postremeiro, que eventual condicionamento da eficácia da sentença ao trânsito em julgado da decisão impede a concessão da tutela satisfativa interinal de urgência. A propósito, comentando as alterações oriundas da Lei n. 11.232, de 2005, observa Araken de Assis que a antecipação de tutela nos casos atinentes ao art. 466-A, CPC, encontra-se "obviamente vedada".[56]

A vedação, porém, sobre não ser razoável na perspectiva pragmática, revela um equívoco legislativo em termos de dogmática de direito processual civil. Consoante já observamos alhures,[57] há uma patente confusão entre eficácia e autoridade da sentença no art. 466-A, CPC: a cousa julgada não é elemento essencial à eficácia da sentença, nada obstante tenha sido essa uma diretriz corrente na doutrina anterior à clássica monografia de Liebman sobre o assunto,[58] fruto da concepção de coisa julgada como efeito da sentença.[59]

Foram exemplos.

---

[54] STF, Pleno, MC/ADC n. 04, rel. Min. Sydney Sanches, j. em 11.02.1998, DJ 21.05.1999, p. 2.

[55] Sobre o assunto, fundamental a consulta de Leonardo José Carneiro da Cunha, *A Fazenda Pública em Juízo*, 3. ed. São Paulo: Dialética, 2005, p. 178/207.

[56] *Cumprimento da Sentença*. Rio de Janeiro: Forense, 2006, p. 85.

[57] Conforme Daniel Mitidiero, A Nova Execução – Comentários à Lei n. 11.232, de 22 de dezembro de 2005. In: Alvaro de Oliveira, Carlos Alberto (coord.). Rio de Janeiro: Forense, 2006, p. 20.

[58] *Conforme Efficacia ed Autorità della Sentenza*, ristampa. Milano: Giuffrè, 1962, passim.

[59] Sobre essa última orientação, por todos, Giuseppe Chiovenda, *Sulla Cosa Giudicata*. In: Saggi di Diritto Processuale Civile (1894-1937). Milano: Giuffrè, 1993, p. 399 e seguintes, vol. II.

3.3. O Caso Paradigmático do Direito Ambiental

A preocupação com a tutela dos "nuovi diritti",[60] oriundos da dimensão acumulativa dos direitos fundamentais,[61] impôs uma tarefa nada desprezível, do ponto de vista de sua complexidade, à processualística: pensar técnicas processuais e tutelas jurisdicionais compatíveis com as especificidades desses novos direitos, sem embargo de ter que trabalhar, como pano de fundo, com um processo pensado, de um modo geral, para tutelar relações sempre (pretensamente) reconduzíveis à expressão monetária.[62] Nessa quadra, paradigmático se oferece o caso do direito ambiental, haja vista os princípios da precaução e da prevenção que o cercam por todos os lados,[63] tornando evidente a inadequação de um modelo processual pensado para relações do tipo débito-crédito, próprias do Estado (europeu) Oitocentista, repressivo e individualista.[64]

Há, na ordem jurídica brasileira, fundamentalidade formal e material do direito ao ambiente (art. 225, CRFB).[65] Dessa impostação, ressai a ineliminabilidade de "direitos procedimentais ambientais", dentre os quais se destacam os "direitos de participação e direitos de acção judicial".[66] Aqui, exatamente, o ponto: dada a necessária adequação entre formalismo processual e objeto litigioso,[67] todo o proces-

---

[60] Dentre os quais a doutrina sempre destaca o direito ambiental, conforme, por todos, Cristina Rapisarda, *Profili della Tutela Civile Inibitoria*. Padova: Cedam, 1987, p. 78.

[61] Conforme, por todos, José Joaquim Gomes Canotilho, *Direito Constitucional e Teoria da Constituição*, 3. ed. Coimbra: Almedina, 1999, p. 362/363.

[62] Sobre essa problemática e sua possível superação, Luiz Guilherme Marinoni, *Técnica Processual e Tutela dos Direitos*. São Paulo: Revista dos Tribunais, 2004, p. 145 e seguintes.

[63] Conforme, por todos, Luciane Tessler, *Tutelas Jurisdicionais do Meio Ambiente (Tutela Inibitória, Tutela de Remoção, Tutela do Ressarcimento na Forma Específica)*. São Paulo: Revista dos Tribunais, 2004, p. 107/118.

[64] Como se oferecia o modelo do Código Buzaid (1973-1994), conforme observa, por todos, Carlos Alberto Alvaro de Oliveira, *Do Formalismo no Processo Civil*, 2. ed. São Paulo: Saraiva, 2003, p. 106.

[65] Sobre o assunto, por todos, Anizio Pires Gavião Filho, *Direito Fundamental ao Ambiente*. Porto Alegre: Livraria do Advogado, 2005, p. 21 e seguintes.

[66] José Joaquim Gomes Canotilho, *O Direito ao Ambiente como Direito Subjectivo*. In: Estudos sobre Direitos Fundamentais. Coimbra: Coimbra Editora, 2004, p. 187.

[67] Conforme Carlos Alberto Alvaro de Oliveira, *Do Formalismo no Processo Civil*, 2. ed. São Paulo: Saraiva, 2003, p. 116/120; Galeno Lacerda, *O Código como Sistema Legal de Adequação do Processo*. In: Revista do Instituto dos Advogados do Rio Grande do Sul – Comemorativa do Cinqüentenário. Porto Alegre: s/ed., 1976, p. 161/170; Fredie Didier Júnior, *Sobre Dois Importantes, e Esquecidos, Princípios do Processo*: Adequação e Adaptabilidade do Procedimento. In: Revista da Ajuris. Porto Alegre: s/ed., 2001, p. 166/178, vol. 83, tomo I.

so tem de ser pensado na perspectiva de atender de maneira ótima o direito ao ambiente. E, necessariamente, tal passa por estruturar o processo mercê de instrumentos que viabilizem uma tutela jurisdicional voltada a prevenir e/ou coibir e/ou remover o ilícito ambiental (tutela inibitória e/ou tutela reintegratória),[68] possibilitada a sua concessão de maneira provisória (fundada na urgência em prover ou na evidência do direito alegado em juízo) ou definitiva mediante provimentos mandamentais e executivos *lato sensu*. Diga-se o mesmo em ocorrendo algum dano ambiental: havendo esse, impõe-se preferencialmente a tutela do ressarcimento na forma específica.

Quer tudo isso dizer, que eventuais entraves postos em lei para concessão da tutela jurisdicional ambiental devem ser problematizados à luz dos princípios da precaução e da prevenção, isto é, levando sempre em consideração a especificidade do direito ao ambiente, além, é claro, da promessa constitucional de um processo justo (art. 5º, LIV, CRFB), capaz de prestar tutela jurisdicional efetiva aos direitos (art. 5º, XXXV, CRFB). Fora daí não estará o processo a atingir o seu fim precípuo: realizar a justiça nos mais variegados casos concretos.

Conclusões

Tudo sopesado, alinha-se que a eficácia diferenciada que vem se emprestando aos direitos fundamentais e a maneira como se vem trabalhando com os mesmos tem um profundo reflexo na teoria e na pragmática do processo civil contemporâneo. Os exemplos, colhidos ao sabor do tema inicialmente proposto para análise, estão aí registrados. A leitura do processo pelo privilegiado ângulo de visão do "formalismo-valorativo" possibilita essas virtualidades ao processo civil brasileiro. Cumpre regá-las.

---

[68] Sobre o assunto, a fundamental contribuição de Luiz Guilherme Marinoni, *Tutela Inibitória (Individual e Coletiva)*, 2. ed. São Paulo: Revista dos Tribunais, 2000, p. 25 e seguintes. Na esteira de Marinoni, vide, em obra voltada especificamente ao direito ambiental, Luciane Tessler, *Tutelas Jurisdicionais do Meio Ambiente (Tutela Inibitória, Tutela de Remoção, Tutela do Ressarcimento na Forma Específica)*. São Paulo: Revista dos Tribunais, 2004, p. 155 e seguintes.

Referências Bibliográficas

ALVARO DE OLIVEIRA, Carlos Alberto. *Perfil Dogmático da Tutela de Urgência*. Revista da Ajuris. Porto Alegre: s/ed., 1997, n. 70.

———. *Do Formalismo no Processo Civil*. 2. ed. São Paulo: Saraiva, 2003.

———. *O Processo Civil na Perspectiva dos Direitos Fundamentais*. In: ALVARO DE OLIVEIRA, Carlos Alberto (org.). *Processo e Constituição*. Rio de Janeiro: Forense, 2004.

———. Efetividade e Tutela Jurisdicional. *Revista Processo e Constituição – Coleção Galeno Lacerda de Estudos de Direito Processual Constitucional*. Porto Alegre: Faculdade de Direito, UFRGS, 2005, n. II.

———; LACERDA, Galeno. *Comentários ao Código de Processo Civil*. 6. ed. Rio de Janeiro: Forense, 2002, vol. VIII, tomo II.

AMARAL, Guilherme Rizzo. *As Astreintes e o Processo Civil Brasileiro – Multa do Artigo 461 do CPC e Outras*. Porto Alegre: Livraria do Advogado, 2004.

ANDRADE, José Carlos Vieira de. *Os Direitos Fundamentais na Constituição Portuguesa de 1976*. 2. ed. Coimbra: Almedina, 2001.

ASSIS, Araken de. Antecipação de Tutela. In: WAMBIER, Teresa Arruda Alvim (coord.), *Aspectos Polêmicos da Antecipação de Tutela*. São Paulo: Revista dos Tribunais, 1997.

———. *Comentários ao Código de Processo Civil*. 2. ed. Rio de Janeiro: Forense, 2004, vol. VI.

———. *Cumprimento da Sentença*. Rio de Janeiro: Forense, 2006.

ÁVILA, Ana Paula Oliveira. Razoabilidade, Proteção do Direito Fundamental à Saúde e Antecipação de Tutela contra a Fazenda Pública. In: *Revista da Ajuris*. Porto Alegre: s/ed., 2002, n. 86, tomo II.

ÁVILA, Humberto. *Teoria dos Princípios – Da Definição à Aplicação dos Princípios Jurídicos*. 2. ed. São Paulo: Malheiros, 2003.

BAPTISTA DA SILVA, Ovídio Araújo. *Curso de Processo Civil*. 3. ed. São Paulo: Revista dos Tribunais, 2000, vol. III.

BARBOSA MOREIRA, José Carlos. *Tutela de Urgência e Efetividade do Direito*. Gênesis Revista de Direito Processual Civil. Curitiba: Gênesis, 2003, n. 28.

BEDAQUE, José Roberto dos Santos. In: MARCATO, Antônio Carlos (coord.), *Código de Processo Civil Interpretado*. São Paulo: Atlas, 2004.

BOURSIER, Marie-Emma. *Le Principe de Loyauté en Droit Processuel*. Paris: Dalloz, 2003.

BUENO, Cássio Scarpinella. Tutela Antecipada e Ações contra o Poder Público (Reflexão quanto a seu Cabimento como Conseqüência da Necessidade de Efetividade do Processo). In: WAMBIER, Teresa Arruda Alvim (coord.), *Aspectos Polêmicos da Antecipação de Tutela*. São Paulo: Revista dos Tribunais, 1997.

CANOTILHO, José Joaquim Gomes. *Direito Constitucional e Teoria da Constituição*. 3. ed. Coimbra: Almedina, 1999.

———. O Direito ao Ambiente como Direito Subjectivo. In: *Estudos sobre Direitos Fundamentais*. Coimbra: Coimbra Editora, 2004.

CAPPELLETTI, Mauro. *La Testimonianza della Parte nel Sistema dell'Oralità – Contributo alla Teoria della Utilizzazione Probatoria del Sapere delle Parti nel Processo Civile*. Milano: Giuffrè, 1962, vol. I.

CARNACINI, Tito. Tutela Giurisdizionale e Tecnica del Processo. In: *Studi in Onore di Enrico Redenti nel XL anno del suo Insegnamento*. Milano: Giuffrè, 1951, vol. II.

CARNEIRO, Athos Gusmão. *Da Antecipação de Tutela*. 5. ed. Rio de Janeiro: Forense, 2004.

CARPI, Federico. *La Provvisoria Esecutorietà della Sentenza*. Milano: Giuffrè, 1979.

CASTANHEIRA NEVES, António. *Metodologia Jurídica – Problemas Fundamentais*. Coimbra: Coimbra Editora, 1993.

CHIOVENDA, Giuseppe. Sulla Cosa Giudicata. In: *Saggi di Diritto Processuale Civile (1894-1937)*. Milano: Giuffrè, 1993, vol. II.

CUNHA, Leonardo José Carneiro da. *A Fazenda Pública em Juízo*. 3. ed. São Paulo: Dialética, 2005.

DIDIER JÚNIOR, Fredie. Sobre Dois Importantes, e Esquecidos, Princípios do Processo: Adequação e Adaptabilidade do Procedimento. In: *Revista da Ajuris*. Porto Alegre: s/ed., 2001, vol. 83, tomo I.

FIGUEIRA JÚNIOR, Joel Dias. *Comentários ao Código de Processo Civil*. São Paulo: Revista dos Tribunais, 2001, vol. IV, tomo I.

FUX, Luiz. *Tutela de Segurança e Tutela da Evidência (Fundamentos da Tutela Antecipada)*. São Paulo: Saraiva, 1996.

———. *Curso de Direito Processual Civil*. 2. ed. Rio de Janeiro: Forense, 2004.

GAVIÃO FILHO, Anízio Pires. *Direito Fundamental ao Ambiente*. Porto Alegre: Livraria do Advogado, 2005.

HESSE, Konrad. *Elementos de Direito Constitucional da República Federal da Alemanha, tradução de Luís Afonso Heck*. Porto Alegre: Sergio Antonio Fabris Editor, 1998.

LACERDA, Galeno. O Código como Sistema Legal de Adequação do Processo. In: *Revista do Instituto dos Advogados do Rio Grande do Sul – Comemorativa do Cinqüentenário*. Porto Alegre: s/ed., 1976.

LANES, Júlio Goulart César. A Execução Provisória e a Antecipação da Tutela dos Deveres de Pagar Quantia: Soluções para a Efetividade Processual. In: Amaral, Guilherme Rizzo e Carpena, Márcio Louzada (coords.), *Visões Críticas do Processo Civil Brasileiro – Uma Homenagem ao Prof. Dr. José Maria Rosa Tesheiner*. Porto Alegre: Livraria do Advogado, 2005.

LIEBMAN, Enrico Tullio. *Efficacia ed Autorità della Sentenza, ristampa*. Milano: Giuffrè, 1962.

LOPES, José Reinaldo Lima. *As Palavras e a Lei – Direito, Ordem e Justiça no Pensamento Jurídico Moderno*. São Paulo: Editora 34, 2004.

MARINONI, Luiz Guilherme. *Tutela Inibitória*. 2. ed. São Paulo: Revista dos Tribunais, 2000.

———. *Técnica Processual e Tutela dos Direitos*. São Paulo: Revista dos Tribunais, 2004.

———. *A Antecipação da Tutela*. 8. ed. São Paulo: Malheiros, 2004.

———. *Da Ação Abstrata e Uniforme à Ação Adequada à Tutela dos Direitos*. In: AMARAL, Guilherme Rizzo e MACHADO, Fábio Cardoso (orgs.), Polêmica sobre a Ação – A Tutela Jurisdicional na Perspectiva das Relações entre o Direito e o Processo. Porto Alegre: Livraria do Advogado, 2006.

———. *Teoria Geral do Processo*. São Paulo: Revista dos Tribunais, 2006.

MARINONI, Luiz Guilherme; ARENHART, Sérgio Cruz. *Manual do Processo de Conhecimento*. 2. ed.. São Paulo: Revista dos Tribunais, 2003.

MITIDIERO, Daniel. *Comentários ao Código de Processo Civil*. São Paulo: Memória Jurídica Editora, 2004, tomo I (arts. 1º a 153).

———. *Elementos para uma Teoria Contemporânea do Processo Civil Brasileiro*. Porto Alegre: Livraria do Advogado, 2005.

———. *Comentários ao Código de Processo Civil*. São Paulo: Memória Jurídica Editora, 2006, tomo III (arts. 270 a 331).

———. In: ALVARO DE OLIVEIRA, Carlos Alberto (coord.), *A Nova Execução – Comentários à Lei n. 11.232, de 22 de dezembro de 2005*. Rio de Janeiro: Forense, 2006.

PEREIRA FILHO, Benedito. *Tutela Antecipada: Concessão de Ofício?* Gênesis Revista de Direito Processual Civil. Curitiba: Gênesis, 2004, n. 32.

PICARDI, Nicola. Processo Civile (Diritto Moderno). In: *Enciclopedia del Diritto*. Milano: Giuffrè, 1987, vol. XXXVI.

———. Il Giudice e la Legge nel Code Louis. In: *Rivista di Diritto Processuale*. Padova: Cedam, 1995.

———. La Vocazione del Nostro Tempo per la Giurisdizione. In: *Rivista Trimestrale di Diritto e Procedura Civile*. Milano: Giuffrè, 2004.

RAPISARDA, Cristina. *Profili della Tutela Civile Inibitoria*. Padova: Cedam, 1987.

SARLET, Ingo Wolfgang. *A Eficácia dos Direitos Fundamentais*. 4. ed. Porto Alegre: Livraria do Advogado, 2004.

SILVA, Carlos Augusto. *O Processo Civil como Estratégia de Poder*: Reflexo da Judicialização da Política no Brasil. Rio de Janeiro: Renovar, 2004.

TEIXEIRA, Sálvio de Figueiredo. *Código de Processo Civil Anotado*. 7. ed. São Paulo: Saraiva, 2003.

TESSLER, Luciane. *Direito Constitucional e Teoria da Constituição*. 3. ed.. Coimbra: Almedina, 1999.

WAMBIER, Teresa Arruda Alvim. Da Liberdade do Juiz na Concessão de Liminares e a Tutela Antecipatória. In: WAMBIER, Teresa Arruda Alvim (coord.), *Aspectos Polêmicos da Antecipação de Tutela*. São Paulo: Revista dos Tribunais, 1997.

ZAGREBELSKY, Gustavo. *Il Diritto Mitte – Legge, Diritti, Giustizia*. 13 ristampa. Torino: Einaudi, 2005.

ZANETI JÚNIOR, Hermes. O Problema da Verdade no Processo Civil: Modelos de Prova e de Procedimento Probatório. In: *Introdução ao Estudo do Processo Civil – Primeiras Linhas de um Paradigma Emergente*. Porto Alegre: Sérgio Antônio Fabris Editor, 2004, em co-autoria com Daniel Mitidiero.

ZAVASCKI, Teori. *Antecipação da Tutela*. 2. ed. São Paulo: Saraiva, 1999.

4. Diálogo das Fontes e Formas de Tutela Jurisdicional no Código de Defesa do Consumidor

Sumário: Introdução; 4.1. Diálogo das Fontes Processuais; 4.2. Atipicidade da "Ação" Processual Individual e Coletiva do Consumidor e Formas de Tutela Jurisdicional: a Construção do "Devido Processo"; 4.3. O Significado das Reformas do Processo Civil Individual e sua Projeção na Disciplina do Processo Individual e Coletivo do Consumidor: uma Proposta de Interpretação dos Artigos 461, § 5º, 461-A, § 3º, 475-J e 475-N, I, CPC; Considerações Finais; Referências Bibliográficas.

Introdução

O presente trabalho visa a encetar um diálogo entre o Código de Processo Civil e o Código de Defesa do Consumidor, notadamente em seu aspecto processual, objetivando ofertar soluções adequadas para prestação da tutela jurisdicional individual e coletiva no âmbito do direito do consumidor. A preocupação central está no estudo das formas de tutela jurisdicional que se podem agitar para atuação dos consumidores em juízo, partindo-se da perspectiva constitucional do direito fundamental à tutela jurisdicional justa para chegar-se à concretização desse mesmo direito pelo legislador infraconstitucional e pelas pessoas que participam do juízo no cotidiano forense.

4.1. Diálogo das Fontes Processuais

É notória a complexidade dos ordenamentos jurídicos contemporâneos, marcados fortemente pela pluralidade de fontes normativas.[1]

O direito hoje, gravado que está pelo advento do Estado Constitucional, requer uma dogmática mais fluida e flexível, *"mitte"*, consoante aponta a doutrina,[2] sendo de rigor alçar-se mão, para compreensão e aplicação do sistema jurídico, de um diálogo incessante entre as fontes do direito.[3] O desiderato desse diálogo está na coordenação e na harmonia entre as soluções dimanadas dessa ou daquela manifestação do jurídico.[4]

É lição antiga da doutrina que o Código de Processo Civil constitui o nosso "direito processual comum",[5] circunstância essa devidamente destacada no âmbito do direito do consumidor (art. 90, CDC). Nessa quadra, dado o caráter especial do direito processual do consumidor, parece-nos fecundo analisar aquilo que Cláudia Lima Marques[6] denomina como "diálogo das influências recíprocas sistemáticas" ou "diálogo de coordenação e adaptação sistemática" no que concerne à relação entre esses dois diplomas legais. O desiderato desse diálogo está em possibilitar um quadro adequado de tutela jurisdicional ao consumidor em juízo, incorporando no ambiente destinado à proteção daquele que consome as potencialidades constantes de nosso direito processual comum.

---

[1] Conforme, por todos, Riccardo Guastini, Teoria e Dogmatica delle Fonti. In: *Trattato di Diritto Civile e Commerciale*. Milano: Giuffrè, 1998, p. 163/164, vol. I, tomo I.

[2] Conforme Gustavo Zagrebelsky, *Il Diritto Mitte – Legge, Diritti, Giustizia*, 13. ristampa. Torino: Einaudi, 2005, p. 11.

[3] Conforme Cláudia Lima Marques, *Comentários ao Código de Defesa do Consumidor*, 1. ed. 2. tiragem. São Paulo: Revista dos Tribunais, 2003, p. 25/26, em co-autoria com Bruno Miragem e Antônio Herman Benjamin.

[4] Idem.

[5] Assim, José Carlos Barbosa Moreira, *As Bases do Direito Processual Civil*. In: Temas de Direito Processual. São Paulo: Saraiva, 1977, p. 4, Primeira Série.

[6] *Comentários ao Código de Defesa do Consumidor*, 1. ed., 2. tiragem. São Paulo: Revista dos Tribunais, 2003, p. 29, em co-autoria com Bruno Miragem e Antônio Herman Benjamin.

4.2. Atipicidade da "Ação" Processual Individual e Coletiva do Consumidor e Formas de Tutela Jurisdicional: a Construção do "Devido Processo"

É indubitável que a "ação" processual é atípica;[7] o que pode variar, adquirindo a coloração típica do caso concreto, são as afirmações tocantes ao direito material que nela se colocam (pretensões e/ou ações que se afirmam existentes no plano do direito material).[8] Nessa linha, para a defesa dos direitos e interesses protegidos pelo Código de Defesa do Consumidor são admissíveis todas as espécies de ações capazes de propiciar sua adequada e efetiva tutela (art. 83, CPC). Vale dizer, a "ação" processual atípica admite toda e qualquer afirmação de pretensão e/ou ação para realização do direito do consumidor em juízo. Melhor ainda: a ação, dentro do Estado Constitucional, só pode ser encarada como uma ação adequada à tutela do direito material e do caso concreto.[9]

Seguindo-se a classificação das obrigações encampada pelo nosso Código Civil (obrigações de dar, fazer e não-fazer), construída sobre a perspectiva objetiva da espécie de prestação[10] (prestação de fato e

---

[7] Conforme, por todos, Flávio Luiz Yarshell, *Tutela Jurisdicional*. São Paulo: Atlas, 1999, p. 59. Não é por outra razão, a propósito, que a doutrina italiana tem sublinhado que a ação (em sentido processual, acrescentamos nós) é una, não havendo sentido em falar-se em ações típicas na perspectiva processual, sendo típicas, antes, as formas de tutela jurisdicional (conforme, por todos, Luigi Paolo Comoglio, Corrado Ferri e Michele Taruffo, *Lezioni sul Processo Civile*, 2. ed. Bologna: Il Mulino, 1998, p. 229); algo nesse sentido, na doutrina brasileira, Hermes Zaneti Júnior, *A Teoria Circular dos Planos (Direito Material e Direito Processual)*. In: Amaral, Guilherme Rizzo e Machado, Fábio Cardoso (orgs.), Polêmica sobre a Ação – A Tutela Jurisdicional na Perspectiva das Relações entre Direito e Processo. Porto Alegre: Livraria do Advogado, 2006, p. 181.

[8] Sobre os conceitos de "ação" processual, pretensões e ações de direito material, consulte-se Daniel F. Mitidiero, *Elementos para uma Teoria Contemporânea do Processo Civil Brasileiro*. Porto Alegre: Livraria do Advogado, 2005, p. 90/138. Ainda, em tom polêmico, consulte-se sobre o tema a coletânea, organizada por Guilherme Rizzo Amaral e Fábio Cardoso Machado, *Polêmica sobre a Ação – A Tutela Jurisdicional na Perspectiva das Relações entre Direito e Processo*. Porto Alegre: Livraria do Advogado, 2006, com ensaios de Carlos Alberto Alvaro de Oliveira, Daniel F. Mitidiero, Fábio Cardoso Machado, Gabriel Pintaúde, Guilherme Rizzo Amaral, Hermes Zaneti Júnior, Luiz Guilherme Marinoni e Ovídio Baptista da Silva.

[9] Conforme Luiz Guilherme Marinoni, *Teoria Geral do Processo*. São Paulo: Revista dos Tribunais, 2006, p. 227 e seguintes.

[10] Conforme Gustavo Tepedino, Heloisa Helena Barboza e Maria Celina Bodin de Moraes, *Código Civil Interpretado conforme a Constituição da República*. Rio de Janeiro: Renovar, 2004, p. 494, vol. I.

prestação de coisa),[11] facilmente se observa que o Código de Defesa do Consumidor ocupou-se apenas da tutela jurisdicional que se deve emprestar às obrigações de fazer e não-fazer (art. 84, CDC). Sobraram ao largo de sua atenção, portanto, as obrigações de pagar quantia (obrigação de dar), as obrigações de entrega de coisa (obrigação de dar) e as obrigações de prestar declaração de vontade (que, nada obstante seja uma obrigação de fazer, apresenta uma dinâmica judicial diversa daquela normalmente ligada às obrigações de fazer e não-fazer).

A cada tipo obrigacional liga-se, a princípio, uma forma de tutela jurisdicional. Às obrigações de fazer e não-fazer nosso ordenamento jurídico destina a tutela mandamental (art. 461, CPC c/c art. 84, CDC); às de pagar quantia, a tutela ofertada pelo binômio condenação-execução em senso estrito (art. 475-J, CPC); às de entrega de coisa, tutela executiva *lato sensu* (art. 461-A, CPC), igualmente afeita às obrigações de prestar declaração de vontade (art. 466-A, CPC).

Esse panorama não é de modo nenhum arbitrário, ligando-se antes à incidência e aplicação das normas que regem a tutela jurisdicional, consoante leciona Carlos Alberto Alvaro de Oliveira.[12] Trata-se de uma proposta do legislador infraconstitucional, balizada pelos valores da segurança e da efetividade, pelo princípio da adequação e pela regra da demanda para cumprir o seu dever constitucional de possibilitar uma tutela jurisdicional justa (e daí, adequada e efetiva) a todos que venham de acorrer ao Poder Judiciário (art. 5º, XXXV, CFRB).[13]

E, aqui, justamente, o ponto. Trata-se de uma proposta de "devido processo", de como se deve dar a prestação da tutela jurisdicional

---

[11] Modalidade normalmente apontada pelos tratadistas como sendo a mais relevante nesse âmbito, conforme, entre outros, Manuel A. Domingues de Andrade, *Teoria Geral das Obrigações*, 3. ed. Coimbra: Almedina, 1966, p. 154, com a colaboração de Rui de Alarcão; João de Matos Antunes Varela, *Das Obrigações em Geral*, 2. ed. Coimbra: Almedina, 1973, p. 68, vol. I.

[12] *Efetividade e Tutela Jurisdicional*. In: Amaral, Guilherme Rizzo e Machado, Fábio Cardoso (orgs.), Polêmica sobre a Ação – A Tutela Jurisdicional na Perspectiva das Relações entre Direito e Processo. Porto Alegre: Livraria do Advogado, 2006, p. 106/108.

[13] Conforme Carlos Alberto Alvaro de Oliveira, *Efetividade e Tutela Jurisdicional*. In: Amaral, Guilherme Rizzo e Machado, Fábio Cardoso (orgs.), Polêmica sobre a Ação – A Tutela Jurisdicional na Perspectiva das Relações entre Direito e Processo. Porto Alegre: Livraria do Advogado, 2006, p. 106. Para uma diferenciação entre princípios e valores, consulte-se Robert Alexy, *Teoría de los Derechos Fundamentales*, tradução de Ernesto Garzón Valdés. Madrid: Centro de Estudios Políticos y Constitucionales, 2002, p. 147 e seguintes; entre princípios e regras, Humberto Ávila, *Teoria dos Princípios – Da Definição à Aplicação dos Princípios Jurídicos*, 2. ed. São Paulo: Malheiros, 2003, p. 70 e seguintes.

nesses casos. É sabido que não existe, em abstrato, um modelo acabado de devido processo legal processual,[14] de processo justo, fato registrado abundantemente pela doutrina.[15] O "devido processo" é, nesse sentido, uma empresa em construção constante,[16] atenta às particularidades dos mais diversos casos concretos.

Vale dizer: a ligação feita pelo legislador infraconstitucional é aquela que, em abstrato, lhe parece como a que melhor atende ao direito material posto em juízo. Essa contingência, no entanto, não tem o condão de eliminar a possibilidade de, ante a especificidade dessa ou daquela situação afirmada em juízo, outra forma de tutela jurisdicional se oferecer como a que deslinde de maneira mais adequada o sucesso histórico levado a juízo.[17]

4.3. O Significado das Reformas do Processo Civil Individual e sua Projeção na Disciplina do Processo Individual e Coletivo do Consumidor: uma Proposta de Interpretação dos Artigos 461, § 5º, 461-A, § 3º, 475-J e 475-N, I, CPC

Segundo nosso Código de Processo Civil (art. 475-I), as sentenças não-auto-suficientes[18] são cumpridas na forma do art. 461 (sentenças mandamentais), na forma dos arts. 461-A e 466-A (sentenças executivas *lato sensu*) ou em consonância com o art. 475-J (sentenças condenatórias, cumpridas via execução em senso estrito), sendo a efetivação

---

[14] Sobre o conceito de devido processo legal processual, consulte-se, com as devidas indicações bibliográficas, Daniel F. Mitidiero, *Elementos para uma Teoria Contemporânea do Processo Civil Brasileiro*. Porto Alegre: Livraria do Advogado, 2005, p. 39 e seguintes.

[15] Na doutrina brasileira, por todos, Carlos Alberto Alvaro de Oliveira, *O Processo Civil na Perspectiva dos Direitos Fundamentais*. In: Alvaro de Oliveira, Carlos Alberto (org.), Processo e Constituição. Rio de Janeiro: Forense, 2004, p. 15; na italiana, entre outros, Andrea Proto Pisani, *Giusto Processo e Valore della Cognizione Piena*, Rivista di Diritto Civile. Padova: Cedam, 2002, p. 267; Giovanni Verde, *Giustizia e Garanzie nella Giurisdizione Civile*, Rivista di Diritto Processuale. Padova: Cedam, 2000, p. 308.

[16] Conforme, por todos, Daisson Flach, *Processo e Realização Constitucional*: a Construção do "Devido Processo". In: Amaral, Guilherme Rizzo e Carpena, Márcio Louzada (coords.), Visões Críticas do Processo Civil Brasileiro – Uma Homenagem ao Prof. Dr. José Maria Rosa Tesheiner. Porto Alegre: Livraria do Advogado, 2005, p. 11 e seguintes.

[17] Conforme, por todos, Luiz Guilherme Marinoni, *Técnica Processual e Tutela dos Direitos*. São Paulo: Revista dos Tribunais, 2004, p. 192 e seguintes.

[18] Sobre o conceito de sentenças suficientes e não-auto-suficientes, Luiz Guilherme Marinoni, *Técnica Processual e Tutela dos Direitos*. São Paulo: Revista dos Tribunais, 2004, p. 149/151.

e a execução do julgado espécies do gênero cumprimento da sentença, consoante a terminologia legal vigente.[19] Entrementes, temos que há possibilidade de alterar-se a maneira de cumprir essas sentenças não-auto-suficientes, sempre que a proposta do legislador infraconstitucional não se mostrar como a mais adequada para tutela do caso concreto.

O esteio para tanto estaria na norma que ressai do art. 475-N, I, CPC, lida na perspectiva do art. 5º, XXXV, CRFB e dos arts. 461, § 5º, 461-A, § 3º e 475-J, CPC. Vejamos.

Refere o art. 475-N, I, CPC, que é título executivo judicial a sentença que reconhece a obrigação de fazer, não-fazer, entregar coisa ou pagar quantia. Vale dizer: fundamental é que exista, além da declaração do direito do demandante, a autorização para concretização desse.[20] Longe de conferir executividade à sentença declaratória, nada obstante respeitáveis opiniões em contrário,[21] a norma em tela apenas coloca a desnudo que sobreleva a declaração completa do direito do demandante somada à autorização para o cumprimento,[22] para a partir daí construir-se a tutela jurisdicional mais adequada ao caso posto a deslinde em juízo, consoante, aliás, de há muito ensina Luiz Guilherme Marinoni.[23]

---

[19] Conforme Daniel F. Mitidiero. In: Alvaro de Oliveira, Carlos Alberto (coord.), *A Nova Execução – Comentários à Lei n. 11.232, de 22 de dezembro de 2005*. Rio de Janeiro: Forense, 2006, p. 3.

[20] Conforme Carlos Alberto Alvaro de Oliveira, *Tutela Declaratória Executiva?* Disponível em www.tex.pro.br, acesso em 28.07.2006.

[21] Pela tese da executividade da sentença declaratória, entre outros, Teori Albino Zavascki, *Sentenças Declaratórias, Sentenças Condenatórias e Eficácia Executiva dos Julgados*. In: Alvaro de Oliveira, Carlos Alberto (org.), Eficácia e Coisa Julgada. Rio de Janeiro: Forense, 2006, p. 141; Fredie Didier Júnior, *Curso de Direito Processual Civil*, 6. ed. Salvador: JusPodium, 2006, p. 193/195, vol. I; Marcelo Abelha Rodrigues, *A Terceira Etapa da Reforma Processual Civil*. São Paulo: Saraiva, 2006, p. 172/174, em co-autoria com Flávio Cheim Jorge e Fredie Didier Júnior; algo nesse sentido, José Maria Rosa Tesheiner (coord.) *et alli*, *Nova Sistemática Processual Civil*. Caxias do Sul: Plenum, 2006, p. 140/141.

[22] Conforme Carlos Alberto Alvaro de Oliveira, *Tutela Declaratória Executiva?* Disponível em www.tex.pro.br, acesso em 28.07.2006. Nesse mesmo sentido, ao que parece, distinguindo a declaração do art. 4º daquela a que alude o art. 475-N, I, ambos CPC, Sérgio Mattos. In: Alvaro de Oliveira, Carlos Alberto (coord.), *A Nova Execução – Comentários à Lei n. 11.232, de 22 de dezembro de 2005*. Rio de Janeiro: Forense, 2006, p. 170; Cássio Scarpinella Bueno, *A Nova Etapa da Reforma do Código de Processo Civil*. São Paulo: Saraiva, 2006, p. 132/137, vol. I; Glauco Gumerato Ramos, *Reforma do CPC*. São Paulo: Revista dos Tribunais, 2006, p. 256/258, em co-autoria com Daniel Amorim Assumpção Neves, Rodrigo da Cunha Lima Freire e Rodrigo Mazzei; Jaqueline Mielke Silva e José Tadeu Neves Xavier, *Reforma do Processo Civil*. Porto Alegre: Verbo Jurídico, 2006, p. 133.

[23] *Tutela Inibitória*, 2. ed. São Paulo: Revista dos Tribunais, 2000, p. 402. O ponto, de resto, está devidamente trabalhado na perspectiva do art. 475-N, I, CPC na 4. ed. da obra, ora no prelo, gentilmente cedida pelo Autor.

A razão desse permissivo é evidente e consulta às normas que regem as formas de tutela jurisdicional. É lição corrente na doutrina, aqui[24] e alhures,[25] que o art. 5º, XXXV, CRFB, confere direito fundamental à tutela jurisdicional efetiva. De outro lado, também é moeda fácil na teoria do direito contemporânea a insuficiência das previsões abstratas e aprioristicas (próprias, aliás, do *"diritto per regole"*, do Estado Oitocentista)[26] para atender aos mais diversos estalões da vida, não raro arredios às mesmas.[27] Aliás, nesse particular, a vocação do nosso tempo para a jurisdição, para o concreto, bem observada outrora por Nicola Picardi,[28] faz-se palmar.

Tendo em conta esse panorama, alçando-se mão dos postulados normativos aplicativos (normalmente, dos postulados da proporcionalidade e da razoabilidade),[29] a fim de evitar-se o arbítrio no manejo da proteção judicial,[30] pode a parte requerer e o órgão jurisdicional deferir uma forma de tutela jurisdicional diversa daquela destinada, em abstrato, para acudir determinada situação de direito material. Vale dizer: autoriza-se a quebra, no que tange às formas de tutela mandamental, executiva *lato sensu* e executiva em senso estrito, da regra da congruência entre o pedido imediato e a sentença.[31]

---

[24] Conforme, por todos, Carlos Alberto Alvaro de Oliveira, *O Processo Civil na Perspectiva dos Direitos Fundamentais*. In: Alvaro de Oliveira, Carlos Alberto (org.), Processo e Constituição. Rio de Janeiro: Forense, 2004, p. 12.

[25] Conforme, por todos, Robert Alexy, *Teoría de los Derechos Fundamentales*, tradução de Ernesto Garzón Valdés. Madrid: Centro de Estudios Políticos y Constitucionales, 2002, p. 472.

[26] Consoante Gustavo Zagrebelsky, *Il Diritto Mitte – Legge, Diritti, Giustizia*, 13 ristampa. Torino: Einaudi, 2005, p. 151.

[27] Conforme anota Antônio Menezes Cordeiro à Introdução à edição portuguesa de *Pensamento Sistemático e Conceito de Sistema na Ciência do Direito*, tradução de Menezes Cordeiro, 3. ed. Lisboa: Fundação Calouste Gulbenkian, 2002, p. XX.

[28] *La Vocazione del Nostro Tempo per la Giurisdizione*, Rivista Trimestrale di Diritto e Procedura Civile. Milano: Giuffrè, 2004, p. 41/71.

[29] Sobre o tema, Humberto Ávila, *Teoria dos Princípios – Da Definição à Aplicação dos Princípios Jurídicos*, 2. ed. São Paulo: Malheiros, 2003, p. 79 e seguintes.

[30] Conforme, por todos, Luiz Guilherme Marinoni, *Teoria Geral do Processo*. São Paulo: Revista dos Tribunais, 2006, p. 130.

[31] Assim, Luiz Guilherme Marinoni, *Técnica Processual e Tutela dos Direitos*. São Paulo: Revista dos Tribunais, 2004, p. 134/137. No mais, sobre as razões que sustentavam a absoluta congruência entre o pedido imediato e a sentença, consulte-se Giuseppe Chiovenda, *Identificazione delle Azioni. Sulla Regola "Ne eat Iudex Ultra Petita Partium"*. In: Saggi di Diritto Processuale Civile (1894-1937). Milano: Giuffrè, 1993, p. 157/177, vol. I (publicado originalmente em 1903); Enrico Tullio Liebman, Fondamento del Principio Dispositivo. In: *Problemi del Processo Civile*. Napoli: Morano Editore, 1962, p. 3/17 (publicado originalmente em 1960); Antonio Nasi, Disposizione del Diritto e Azione Dispositiva – Contributo allo Studio del Principio Dispositivo nel Processo Civile di Cognizione. Milano: Giuffrè, 1965, p. 7 e seguintes,

Essa intertrocabilidade entre as tutelas mandamental e executiva *lato sensu* já estava plenamente positivada infraconstitucionalmente (arts. 461, § 5°, e 461-A, § 3°, CPC). Agora, com o art. 475-N, inciso I, CPC e o sincretismo processual consagrado igualmente no concernente às obrigações de pagar quantia (fundamentalmente, art. 475-J, CPC), positiva-se aquilo que a melhor doutrina já preconizava: a possibilidade de emprestar, por exemplo, tutela mandamental para proteção das obrigações de pagar quantia.[32] O mesmo se diga, ademais, da utilização de tutela executiva *lato sensu* para esse mesmo fim.[33]

Evidentemente, de modo nenhum se pode excluir a aplicação dessa sistemática de cumprimento das sentenças do âmbito do direito do consumidor. O diálogo de recíprocas influências sistemáticas entre o Código de Processo Civil e o Código de Defesa do Consumidor oferece-se fundamental nesse particular, máxime o teor do art. 83, CDC, que autoriza o emprego, pelo intérprete, da forma de tutela jurisdicional que proteja de maneira mais efetiva a esfera jurídica do consumidor.

Considerações Finais

Dada a fundamentalidade do direito do consumidor,[34] curial que também a sua proteção jurisdicional se mova dentro desse mesmo quadro de densidade normativa, aplicando-se-lhe as formas de tutela jurisdicional e a maneira de trabalhar com essas que hoje se colocam no direito processual civil comum. Indispensável, pois, o diálogo das fontes processuais para que se alcance às relações de consumo também essa efetiva e adequada tutela jurisdicional.

---

com ampla análise da gênese do princípio dispositivo na processualística alemã do início do século XIX.

[32] Conforme, por todos, Luiz Guilherme Marinoni, *Técnica Processual e Tutela dos Direitos*. São Paulo: Revista dos Tribunais, 2004, p. 211 e seguintes. De nosso lado, já havíamos encampado expressamente a proposta alhures, acerca da efetivação da tutela satisfativa interinal de urgência, conforme Daniel F. Mitidiero, *Comentários ao Código de Processo Civil*. São Paulo: Memória Jurídica Editora, 2006, p. 69/71, tomo III (arts. 270 a 331).

[33] A jurisprudência é farta nesse sentido. Observe-se, por exemplo, a possibilidade de bloqueio de verba do Poder Público com o fito de alcançá-la à parte para aquisição de remédio por esse não-fornecido, nada obstante obrigado a tanto, conforme TJRS, 21ª Câmara Cível, AI n. 70015906043, rel. Des. Marco Aurélio Heinz, j. em 05.07.2006.

[34] Conforme, por todos, Bruno Miragem, *O Direito do Consumidor como Direito Fundamental: Conseqüências Jurídicas de um Conceito*, Revista de Direito do Consumidor. São Paulo: Revista dos Tribunais, 2002, p. 111 e seguintes, n. 43.

Referências Bibliográficas

ALEXY, Robert. *Teoría de los Derechos Fundamentales*. Tradução de Ernesto Garzón Valdés. Madrid: Centro de Estudios Políticos y Constitucionales, 2002.

ALVARO DE OLIVEIRA, Carlos Alberto. O Processo Civil na Perspectiva dos Direitos Fundamentais. In: ALVARO DE OLIVEIRA, Carlos Alberto (org.), *Processo e Constituição*. Rio de Janeiro: Forense, 2004.

―――. Efetividade e Tutela Jurisdicional. In: AMARAL, Guilherme Rizzo e MACHADO, Fábio Cardoso (orgs.), *Polêmica sobre a Ação – A Tutela Jurisdicional na Perspectiva das Relações entre Direito e Processo*. Porto Alegre: Livraria do Advogado, 2006.

―――. *Tutela Declaratória Executiva?* Disponível em www.tex.pro.br, acesso em 28.07.2006.

AMARAL, Guilherme Rizzo; MACHADO, Fábio Cardoso (orgs.). *Polêmica sobre a Ação – A Tutela Jurisdicional na Perspectiva das Relações entre Direito e Processo*. Porto Alegre: Livraria do Advogado, 2006.

ANDRADE, Manuel A. Domingues de. *Teoria Geral das Obrigações*. 3. ed.. Coimbra: Almedina, 1966, com a colaboração de Rui de Alarcão.

ÁVILA, Humberto. *Teoria dos Princípios – Da Definição à Aplicação dos Princípios Jurídicos*. 2. ed.. São Paulo: Malheiros, 2003.

BARBOSA MOREIRA, José Carlos. *As Bases do Direito Processual Civil*. In: Temas de Direito Processual. São Paulo: Saraiva, 1977, Primeira Série.

BUENO, Cássio Scarpinella. *A Nova Etapa da Reforma do Código de Processo Civil*. São Paulo: Saraiva, 2006, vol. I.

CHIOVENDA, Giuseppe. *Identificazione delle Azioni. Sulla Regola 'Ne eat Iudex Ultra Petita Partium*. In: Saggi di Diritto Processuale Civile (1894-1937). Milano: Giuffrè, 1993, vol. I.

DIDIER JÚNIOR, Fredie. *Curso de Direito Processual Civil*. 6. ed. Salvador: JusPodium, 2006, vol. I.

FLACH, Daisson. Processo e Realização Constitucional: a Construção do "Devido Processo". In: AMARAL, Guilherme Rizzo e CARPENA, Márcio Louzada (coords.), *Visões Críticas do Processo Civil Brasileiro – Uma Homenagem ao Prof. Dr. José Maria Rosa Tesheiner*. Porto Alegre: Livraria do Advogado, 2005.

GUASTINI, Riccardo. Teoria e Dogmatica delle Fonti. In: *Trattato di Diritto Civile e Commerciale*. Milano: Giuffrè, 1998, vol. I, tomo I.

LIEBMAN, Enrico Tullio. *Fondamento del Principio Dispositivo*. In: Problemi del Processo Civile. Napoli: Morano Editore, 1962.

MARINONI, Luiz Guilherme. *Tutela Inibitória*. 2. ed. São Paulo: Revista dos Tribunais, 2000.

―――. *Técnica Processual e Tutela dos Direitos*. São Paulo: Revista dos Tribunais, 2004.

―――. *Teoria Geral do Processo*. São Paulo: Revista dos Tribunais, 2006.

MARQUES, Cláudia Lima; MIRAGEM, Bruno; BENJAMIN, Antônio Herman. *Comentários ao Código de Defesa do Consumidor*. 1. ed., 2. tiragem. São Paulo: Revista dos Tribunais, 2003.

MATTOS, Sérgio. In: ALVARO DE OLIVEIRA, Carlos Alberto (coord.). *A Nova Execução – Comentários à Lei n. 11.232, de 22 de dezembro de 2005*. Rio de Janeiro: Forense, 2006.

MENEZES CORDEIRO, António. *Introdução à edição portuguesa de Pensamento Sistemático e Conceito de Sistema na Ciência do Direito, de Claus-Wilhelm Canaris, tradução de Menezes Cordeiro*. 3. ed. Lisboa: Fundação Calouste Gulbenkian, 2002.

MIRAGEM, Bruno. *O Direito do Consumidor como Direito Fundamental: Conseqüências Jurídicas de um Conceito*. Revista de Direito do Consumidor. São Paulo: Revista dos Tribunais, 2002, n. 43.

MITIDIERO, Daniel F. *Elementos para uma Teoria Contemporânea do Processo Civil Brasileiro*. Porto Alegre: Livraria do Advogado, 2005.

———. *Comentários ao Código de Processo Civil*. São Paulo: Memória Jurídica Editora, 2006, tomo III (arts. 270 a 331).

———. In: ALVARO DE OLIVEIRA, Carlos Alberto (coord.), *A Nova Execução – Comentários à Lei n. 11.232, de 22 de dezembro de 2005*. Rio de Janeiro: Forense, 2006.

NASI, Antonio. *Disposizione del Diritto e Azione Dispositiva – Contributo allo Studio del Principio Dispositivo nel Processo Civile di Cognizione*. Milano: Giuffrè, 1965.

PICARDI, Nicola. La Vocazione del Nostro Tempo per la Giurisdizione. *Rivista Trimestrale di Diritto e Procedura Civile*. Milano: Giuffrè, 2004.

PROTO PISANI, Andrea. Giusto Processo e Valore della Cognizione Piena. *Rivista di Diritto Civile*. Padova: Cedam, 2002.

RAMOS, Glauco Gumerato. *Reforma do CPC*. São Paulo: Revista dos Tribunais, 2006, p. 256/258, em co-autoria com Daniel Amorim Assumpção Neves, Rodrigo da Cunha Lima Freire e Rodrigo Mazzei.

RODRIGUES, Marcelo Abelha. *A Terceira Etapa da Reforma Processual Civil*. São Paulo: Saraiva, 2006, em co-autoria com Flávio Cheim Jorge e Fredie Didier Júnior.

SILVA, Jaqueline Mielke; XAVIER, José Tadeu Neves. *Reforma do Processo Civil*. Porto Alegre: Verbo Jurídico, 2006.

TARUFFO, Michele; COMOGLIO, Luigi Paolo; FERRI, Corrado. *Lezioni sul Processo Civile*. 2. ed. Bologna: Il Mulino, 1998.

TEPEDINO, Gustavo; BARBOZA, Heloisa Helena; MORAES, Maria Celina Bodin de. *Código Civil Interpretado conforme a Constituição da República*. Rio de Janeiro: Renovar, 2004.

TESHEINER, José Maria Rosa (coord.). *Nova Sistemática Processual Civil*. Caxias do Sul: Plenum, 2006.

VARELA, João de Matos Antunes. *Das Obrigações em Geral*. 2. ed. Coimbra: Almedina, 1973, vol. I.

VERDE, Giovanni. Giustizia e Garanzie nella Giurisdizione Civile. Rivista di Diritto Processuale. Padova: Cedam, 2000.

YARSHELL, Flávio Luiz. *Tutela Jurisdicional*. São Paulo: Atlas, 1999.

ZAGREBELSKY, Gustavo. *Il Diritto Mitte – Legge, Diritti, Giustizia*. 13. ristampa. Torino: Einaudi, 2005.

ZANETI JÚNIOR, Hermes. A Teoria Circular dos Planos (Direito Material e Direito Processual). In: AMARAL, Guilherme Rizzo e MACHADO, Fábio Cardoso (orgs.), *Polêmica sobre a Ação – A Tutela Jurisdicional na Perspectiva das Relações entre Direito e Processo*. Porto Alegre: Livraria do Advogado, 2006.

ZAVASCKI, Teori Albino. Sentenças Declaratórias, Sentenças Condenatórias e Eficácia Executiva dos Julgados. In: ALVARO DE OLIVEIRA, Carlos Alberto (org.), *Eficácia e Coisa Julgada*. Rio de Janeiro: Forense, 2006.

5. Direito Fundamental à Tutela Jurisdicional Adequada e Efetiva, Tutelas Jurisdicionais Diferenciadas e Multa Processual para o Cumprimento das Obrigações de Pagar Quantia

Sumário: Introdução; 5.1. Direito Fundamental à Tutela Jurisdicional e Tutelas Jurisdicionais Diferenciadas; 5.2. Técnicas Processuais para Tutela das Obrigações de Pagar Quantia no Direito Processual Civil Brasileiro; Conclusões; Referências Bibliográficas.

Introdução

O direito processual civil no Estado Constitucional é essencialmente um direito processual civil pensado na teoria dos direitos fundamentais.[1] Uma vez já institucionalizado, aqui e alhures, um modelo mínimo de processo civil com densidade constitucional[2] (formado por

---

[1] Conforme, entre outros, Carlos Alberto Alvaro de Oliveira, *O Processo Civil na Teoria dos Direitos Fundamentais*. In: Alvaro de Oliveira, Carlos Alberto (org.), Processo e Constituição. Rio de Janeiro: Forense, 2004, p. 1/15; Luiz Guilherme Marinoni, *O Direito à Efetividade da Tutela Jurisdicional na Perspectiva da Teoria dos Direitos Fundamentais*, Gênesis Revista de Direito Processual Civil. Curitiba: Gênesis, 2003, p. 298/337, n. 28; Hermes Zaneti Júnior, *Processo Constitucional: Relações entre Processo e Constituição*. In: Introdução ao Estudo do Processo Civil – Primeiras Linhas de um Paradigma Emergente. Porto Alegre: Sergio Antonio Fabris Editor, 2004, p. 23/62, em co-autoria com Daniel Mitidiero.

[2] Sobre o ponto, com um amplo estudo comparativo entre os modelos do *giusto processo*, do *due process of law*, do *debido proceso* e do devido processo legal (processual), por todos, Luigi Paolo Comoglio, I Modelli di Garanzia Costituzionale del Processo, *Rivista Trimestrale di Diritto e Procedura Civile*. Milano: Giuffrè, 1991, p. 673/741; Valori Etici e Ideologie del

direitos fundamentais básicos, inerentes mesmo a um *"civilized system of administration of justice"*),[3] cumpre-nos explorar uma outra dimensão do relacionamento entre processo e Constituição: a dimensão dos direitos fundamentais, perspectiva essa que remete imediatamente o problema do direito à tutela jurisdicional ao problema da concretização das normas constitucionais.

Partindo-se da constatação de que é "inconcebível" que em nosso devido processo legal processual não tenha lugar um direito à tutela efetiva das obrigações de pagar quantia,[4] temos que se oferece como tema de relevo invulgar o estudo das técnicas processuais que se podem engendrar para o alcance da tutela jurisdicional do crédito. Fora daí, com efeito, relegando-se o problema da tutela das obrigações de pagar quantia tão-somente às opções levadas a efeito pelo legislador infraconstitucional, desprestigia-se em demasiado a força normativa dos direitos fundamentais. Corre-se, pois, o sério risco de transformar-se todo o discurso da doutrina processual contemporânea acerca do justo processo em uma simples e "laboriosa utopia".[5]

Tendo em conta essa situação, pretendemos analisar o direito fundamental à tutela jurisdicional como um direito à organização de procedimentos adequados para as mais diversas situações carentes de proteção no plano do direito material, explorando a relação desse direito com o tema das tutelas jurisdicionais diferenciadas. A partir

---

'Giusto Processo' (Modelli a Confronto), *Rivista Trimestrale di Diritto e Procedura Civile*. Milano: Giuffrè, 1998, p. 887/938. Consulte-se, ainda, o ensaio seminal de Eduardo Couture a respeito do tema, *Las Garantías Constitucionales del Proceso Civil*. In: Estudios de Derecho Procesal Civil. Buenos Aires: Ediar Editores, 1948, p. 19/95, tomo I, que mereceu elogioso comentário de Enrico Tullio Liebman, *Diritto Costituzionale e Processo Civile*. In: Problemi del Processo Civile. Napoli: Morano Editore, 1962, p. 149/154, e pode mesmo ser considerado precursor de ensaios e livros posteriores já clássicos sobre o assunto (como, por exemplo, Mauro Cappelletti, *Le Garanzie Costituzionali delle Parti nel Processo Civile Italiano*. In: Giustizia e Società. Milano: Edizione di Comunità, 1977, p. 339/386; Luigi Paolo Comoglio, La Garanzia Costituzionale dell'Azione ed il Processo Civile. Padova: Cedam, 1970; Nicolò Trocker, Processo Civile e Costituzione – Problemi di Diritto Tedesco e Italiano. Milano: Giuffrè, 1974). Sobre o nosso devido processo legal processual, consulte-se Daniel Mitidiero, *Elementos para uma Teoria Contemporânea do Processo Civil Brasileiro*. Porto Alegre: Livraria do Advogado, 2005, p. 39/66.

[3] Na apreciação de Mauro Cappelletti e Bryant Garth, *The Constitutionalization and Internationalization of Civil Procedure*. In: International Encyclopedia of Comparative Law, 1978, vol. XVI, chapter 1, p. 43.

[4] Consoante observou certa feita Federico Carpi, *Dal Riconoscimento delle Decisioni all'Esecuzione Automatica*, Rivista di Diritto Processuale. Padova: Cedam, 2005, p. 1139.

[5] A expressão é de Sergio La China, *Giusto Processo, Laboriosa Utopia*, Rivista di Diritto Processuale. Padova: Cedam, 2005, p. 1111/1126.

daí, nosso intento volta-se para o estudo da técnica processual elegida pelo legislador infraconstitucional para tutela das obrigações de pagar quantia em decorrência de sentença condenatória (notadamente, a multa prevista no art. 475-J, CPC), problematizando essa escolha à luz da eficácia imediata de nosso devido processo legal processual.

5.1. Direito Fundamental à Tutela Jurisdicional e Tutelas Jurisdicionais Diferenciadas

No que agora nos interessa, os direitos fundamentais podem ser classificados como direitos de defesa e direitos a prestações. Nesse último grupo, os direitos fundamentais a prestações dividem-se ainda em direitos a prestações em sentido amplo (direitos de proteção e direitos à participação na organização e procedimento) e direitos a prestações em sentido estrito.[6]

Consoante observa a doutrina, o direito fundamental à tutela jurisdicional ensarta-se na categoria dos direitos a prestações, podendo ser caracterizado, especificamente, como um direito à participação na organização e procedimento.[7] Trata-se de direito fundamental processual, oriundo da consciência de que "não basta declarar os direitos", importando antes "instituir meios organizatórios de realização, procedimentos adequados e eqüitativos".[8]

Sendo um direito de densidade constitucional, releva sublinhar a sua justiciabilidade imediata na ordem constitucional brasileira (art. 5°, § 1°, CRFB). Certo, a concretização dos direitos fundamentais é, em primeiro lugar, tarefa do legislador;[9] contanto, a ausência de legislação infraconstitucional ou mesmo a insuficiência da legislação existente autoriza o Poder Judiciário a concretizar de maneira imediata o direito fundamental à tutela jurisdicional. Isso porque, como esclarece

---

[6] Conforme Ingo Wolfgang Sarlet, *A Eficácia dos Direitos Fundamentais*, 4. ed. Porto Alegre: Livraria do Advogado, 2004, p. 179/180.

[7] Conforme, por todos, Luiz Guilherme Marinoni, *Técnica Processual e Tutela dos Direitos*. São Paulo: Revista dos Tribunais, 2004, p. 179 e seguintes.

[8] Jorge Miranda, *Manual de Direito Constitucional*, 3. ed. Coimbra: Coimbra Editora, 2000, p. 93, tomo IV.

[9] Konrad Hesse, *Elementos de Direito Constitucional da República Federal da Alemanha*, tradução de Luís Afonso Heck. Porto Alegre: Sergio Antonio Fabris Editor, 1998, p. 247.

José Carlos Vieira de Andrade, "o princípio da aplicabilidade directa valerá como indicador da *exeqüibilidade potencial* das normas constitucionais, presumindo-se a sua 'perfeição', isto é, a sua auto-suficiência baseada no carácter *determinável* do respectivo conteúdo de sentido. Vão, pois, aqui incluídos o *dever* dos juízes e dos demais operadores jurídicos de aplicarem os preceitos constitucionais e a *autorização* para com esse fim os concretizarem por via interpretativa".[10] Vale dizer: tanto o legislador como os juízes devem um processo justo à sociedade.

O direito fundamental à tutela jurisdicional implica o reconhecimento da existência de um direito à proteção jurisdicional adequada[11] e efetiva.[12] Adequada, no sentido de que esteja atenta às necessidades do direito material posto em causa e à maneira como esse se apresenta em juízo (em suma, ao caso concreto levado ao processo); efetiva, no sentido de que consiga realizá-la específica e concretamente em tempo hábil.

A adequação da tutela jurisdicional revela a necessidade da análise do caso concreto posto em causa para, a partir daí, estruturar-se um provimento adequado à situação levada a juízo. É lição antiga,[13] ainda hoje repetida,[14] que a igualdade material entre as pessoas, no processo civil, só pode ser alcançada na medida em que se possibilite uma tutela jurisdicional diferenciada aos litigantes, levando em conta justamente a natureza da controvérsia levada a juízo e suas contingências. O alvitre, aliás, nada tem de novo, de há muito sendo considerado uma verdadeira "obviedade" pela doutrina.[15] No fundo, reconhecer que

---

[10] *Os Direitos Fundamentais na Constituição Portuguesa de 1976*, 2. ed. Coimbra: Almedina, 2001, p. 202. Nesse mesmo sentido, na doutrina processual brasileira, Carlos Alberto Alvaro de Oliveira, *O Processo Civil na Perspectiva dos Direitos Fundamentais*. In: Alvaro de Oliveira, Carlos Alberto (org.), Processo e Constituição. Rio de Janeiro: Forense, 2004, p. 5/6; Luiz Guilherme Marinoni, *Teoria Geral do Processo*. São Paulo: Revista dos Tribunais, 2006, p. 63 e seguintes.

[11] Assim, por todos, José Joaquim Gomes Canotilho, *Direito Constitucional e Teoria da Constituição*, 3. ed. Coimbra: Almedina, 1999, p. 465.

[12] Assim, por todos, Robert Alexy, *Teoría de los Derechos Fundamentales*, tradução de Ernesto Garzón Valdés. Madrid: Centro de Estudios Políticos y Constitucionales, 2002, p. 472.

[13] Por todos, Nicolò Trocker, *Processo Civile e Costituzione – Problemi di Diritto Tedesco e Italiano*. Milano: Giuffrè, 1974, p. 701.

[14] Por todos, Nicola Picardi, *Appunti di Diritto Processuale Civile – I Processi Speciali, Esecutivi e Cautelari*. Milano: Giuffrè, 2002, p. 5.

[15] A observação é de Andrea Proto Pisani, *Sulla Tutela Giurisdizionale Differenziata*, Rivista di Diritto Processuale. Padova: Cedam, 1979, p. 537.

o processo tem de ser "adeguato allo scopo cui è destinato"[16] a alcançar significa reconhecer que é "insopprimibile"[17] da idéia de processo justo, de processo devido, o vínculo teleológico entre meio e fim, entre o instrumento processual e a tutela prometida pela Constituição ao direito material.

Essa adequação da tutela, prevendo-se, por exemplo, ritos especiais com níveis de cognição adequados, com provimentos adequados, dotados de técnicas processuais conformes às necessidades do caso pode ser levada a efeito tanto em abstrato, pelo legislador, como em concreto, pelo órgão jurisdicional,[18] dada a aplicabilidade imediata dos direitos fundamentais e o nosso controle difuso de constitucionalidade.[19] Essa circunstância, ademais, decorre mesmo da insuficiência das previsões legais-aprioristicas no quadro da teoria do direito hodierna, já que o direito muitas vezes se apresenta, em concreto, como algo infenso a amarras desse jaez.[20] A propósito, o dogma da teoria da plenitude da norma, onipotente e inflexível, de há muito fora abandonado pela doutrina contemporânea.[21]

A efetividade da tutela jurisdicional traduz uma preocupação com a especificidade e a tempestividade da proteção judicial. O resultado da demanda deve ser o mais aderente possível ao direito material, alcançado em tempo razoável às partes. Uma vez superada a idéia de

---

[16] Giuseppe Tarzia, *Il Giusto Processo di Esecuzione*, Rivista di Diritto Processuale. Padova: Cedam, 2002, p. 340.

[17] Luigi Paolo Comoglio, *Principi Costituzionali e Processo di Esecuzione*, Rivista di Diritto Processuale. Padova: Cedam, 1994, p. 454.

[18] Sobre a técnica da adequação do processo, consulte-se, entre outros, Galeno Lacerda, *O Código como Sistema Legal de Adequação do Processo*, Revista do Instituto dos Advogados do Rio Grande do Sul – Comemorativa do Cinqüentenário. Porto Alegre, s/ed., 1976, p. 161/170; Carlos Alberto Alvaro de Oliveira, *Do Formalismo no Processo Civil*, 2. ed. São Paulo: Saraiva, 2003, p. 116/120; Fredie Didier Júnior, *Sobre Dois Importantes, e Esquecidos, Princípios do Processo*: Adequação e Adaptabilidade do Procedimento, Revista da Ajuris. Porto Alegre, s/ed., 2001, p. 166/178, n. 83, tomo I. Sobre a possibilidade de adaptação instrumental no direito brasileiro, consulte-se Daniel Mitidiero, *Comentários ao Código de Processo Civil*. São Paulo: Memória Jurídica Editora, 2006, p. 38/40, tomo III (arts. 270 a 331).

[19] Por oportuno, sobre os novos contornos da jurisdição em face do advento do Estado Constitucional, potencializados sobremaneira no modelo de Estado Democrático de Direito brasileiro à vista de nosso controle difuso, consulte-se Luiz Guilherme Marinoni, *Teoria Geral do Processo*. São Paulo: Revista dos Tribunais, 2006, p. 21/153.

[20] Como observa, por todos, António Menezes Cordeiro, *Introdução à Edição Portuguesa de Pensamento Sistemático e Conceito de Sistema na Ciência do Direito*, de Claus-Wilhelm Canaris. Lisboa: Fundação Calouste Gulbenkian, 2002, p. XX.

[21] Acerca, com grande proveito, Nicola Picardi, *La Vocazione del Nostro Tempo per la Giurisdizione*, Rivista Trimestrale di Diritto e Procedura Civile. Milano: Giuffrè, 2004, p. 41/71.

que o processo civil só pode oferecer uma tutela pelo equivalente monetário às partes,[22] oriunda do fenômeno da pessoalização dos direitos ocorrido desde o direito romano tardio,[23] a doutrina pontua a prioridade natural e jurídica do cumprimento específico das prestações obrigacionais.[24] No mais, a efetividade da tutela jurisdicional reclama uma proteção tempestiva às posições jurídicas afirmadas pelas partes em juízo. Certo, é evidente que tutela efetiva não é sinônimo tão-somente de tutela prestada rapidamente:[25] agora, seguramente não é efetiva a tutela prestada a destempo. Ademais, quanto mais demorada a tutela, maior o "dano marginal" que experimenta o demandante que tem razão em seu pleito.[26] Fundamental, portanto, que o processo tenha

---

[22] Por todos, Luiz Guilherme Marinoni, *Técnica Processual e Tutela dos Direitos*. São Paulo: Revista dos Tribunais, 2004, p. 145 e seguintes.

[23] Sobre o tema, Ovídio Araújo Baptista da Silva, *Jurisdição e Execução na Tradição Romano-Canônica*, 2. ed. São Paulo: Revista dos Tribunais, 1997, p. 134 e seguintes. Acerca das conseqüências desse fenômeno na construção do Código Buzaid (1973-1994), Ovídio Araújo Baptista da Silva, *Processo e Ideologia – O Paradigma Racionalista*. Rio de Janeiro: Forense, 2004, p. 131 e seguintes; Daniel Mitidiero, *Comentários ao Código de Processo Civil*. São Paulo: Memória Jurídica Editora, 2004, p. 20/23 e p. 26/46, tomo I (arts. 1º a 153).

[24] Assim, João Calvão da Silva, *Cumprimento e Sanção Pecuniária Compulsória*, 2. ed. Coimbra: Coimbra, 1997, p. 137/198. Na doutrina brasileira, Judith Martins-Costa alude à existência dos princípios da "correspondência" e da "exatidão" do adimplemento (*Comentários ao Novo Código Civil*, 2. ed. Rio de Janeiro: Forense, 2005, p. 135/136, vol. V, tomo I), o que impõe, no plano processual, a necessidade de previsão de meios capazes de propiciar às partes uma tutela específica das obrigações.

[25] Na doutrina brasileira, por todos, Carlos Alberto Alvaro de Oliveira, *Efetividade e Processo de Conhecimento*. In: Do Formalismo no Processo Civil, 2. ed. São Paulo: Saraiva, 2003, p. 246; na doutrina italiana, entre outros, Ferruccio Tommaseo, *I Provvedimenti d'Urgenza – Struttura e Limiti della Tutela Anticipatoria*. Padova: Cedam, 1983, p. 130, nota de rodapé n. 130. Gize-se: o formalismo processual é um "formalismo-valorativo", em cujo tecido convivem vários valores constitucionais (como a segurança, a efetividade, a participação, a liberdade etc.). Sobre o formalismo-valorativo como *nova methodus* do direito processual civil, Carlos Alberto Alvaro de Oliveira, *Do Formalismo no Processo Civil*, 2. ed. São Paulo: Saraiva, 2003, *passim*; "O Formalismo-Valorativo no Confronto com o Formalismo Excessivo", Revista de Processo. São Paulo: Revista dos Tribunais, 2006, n. 137; Daniel Mitidiero, *Elementos para uma Teoria Contemporânea do Processo Civil Brasileiro*. Porto Alegre: Livraria do Advogado, 2005, p. 19/21.

[26] A expressão "danno marginale" é de Enrico Finzi, cunhada em comentário à decisão de 31 de janeiro de 1925 da Corte de Apelação de Florença, publicado na Rivista di Diritto Processuale Civile. Padova: Cedam, 1926, p. 50, vol. III, parte II, sempre lembrada pela doutrina a propósito da tardança do processo e de seus efeitos na esfera jurídica do demandante que tem razão em seu pleito (conforme, entre outros, Piero Calamandrei, *Introduzione allo Studio Sistematico dei Provvedimenti Cautelari*. Padova: Cedam, 1936, p. 18; Italo Andolina, *"Cognizione" ed "Esecuzione Forzata" nel Sistema della Tutela Giurisdizionale*. Milano: Giuffrè, 1983, p. 17). E, evidentemente, a idéia de que a duração do processo não deve implicar em dano à parte que tem razão também tem aplicação nos domínios da fase de cumprimento da sentença por execução forçada, conforme anota, por todos, Giuseppe Tarzia, *Prospettive di Armonizzazione delle Norme sull'Esecuzione Forzata nella Comunità Economica Europea*, Rivista di Diritto Processuale. Padova: Cedam, 1994, p. 217.

predispostos meios para outorga de proteção tempestiva às partes – o que, aliás, é mesmo dever constitucional do Estado.[27]

5.2. Técnicas Processuais para Tutela das Obrigações de Pagar Quantia no Direito Processual Civil Brasileiro

Obviamente, também a tutela das obrigações de pagar quantia deve ser adequada e efetiva. Tendo presente que nosso Código de Processo Civil não pode ser outra coisa senão "direito constitucional aplicado",[28] nosso legislador infraconstitucional buscou adimplir seu dever de estruturar um processo adequado e efetivo para tutela das obrigações de pagar quantia através da promulgação da Lei n. 11.232, de 22 de dezembro de 2005. Instituiu-se entre nós, dessarte, uma fase de cumprimento das sentenças que condenam ao pagamento de quantia, complementar à fase de conhecimento, levada a efeito sem intervalo entre cognição e execução.[29]

Dentro da nova sistemática, cobra relevo a previsão de multa para o caso de não-cumprimento voluntário da sentença condenatória pelo demandado (art. 475-J, CPC). De um modo geral, a doutrina tem caracterizado essa multa como uma multa punitiva.[30] Uma das relevantes conseqüências dessa impostação está em que não pode o órgão jurisdicional deixar de aplicá-la, por exemplo, por ausência ou por insuficiência de patrimônio do devedor para atender ao seu dever de pagar quantia. Trata-se de sanção processual que se acomete àquele

---

[27] Conforme, por todos, Luiz Guilherme Marinoni, *Teoria Geral do Processo*. São Paulo: Revista dos Tribunais, 2006, p. 207.

[28] Carlos Alberto Alvaro de Oliveira, *O Processo Civil na Perspectiva dos Direitos Fundamentais*. In: Alvaro de Oliveira, Carlos Alberto (org.), Processo e Constituição. Rio de Janeiro: Forense, 2004, p. 3.

[29] Sobre o assunto, consulte-se obra coletiva coordenada por Carlos Alberto Alvaro de Oliveira, *A Nova Execução – Comentários à Lei n. 11.232, de 22 de dezembro de 2005*. Rio de Janeiro: Forense, 2006, com comentários de Carlos Alberto Alvaro de Oliveira, Daisson Flach, Daniel Mitidiero, Danilo Knijnik, Guilherme Rizzo Amaral, Hermes Zaneti Júnior, Pedro Luiz Pozza, Rodrigo Mazzei e Sérgio Mattos.

[30] Conforme, entre outros, Daniel Amorim, *Reforma do CPC*. São Paulo: Revista dos Tribunais, 2006, p. 218, em co-autoria com Glauco Ramos, Rodrigo da Cunha Lima Freire e Rodrigo Mazzei; Marcelo Abelha Rodrigues, *A Terceira Etapa da Reforma Processual Civil*. São Paulo: Saraiva, 2006, p. 128/129, em co-autoria com Flávio Cheim Jorge e Fredie Didier Júnior; contra, Teresa Arruda Alvim Wambier, Luiz Rodrigues Wambier e José Miguel Garcia Medina, *Breves Comentários à Nova Sistemática Processual Civil*. São Paulo: Revista dos Tribunais, 2006, p. 145.

que tinha o dever de cumprir o julgado e não o observou voluntariamente.[31]

No esquema legal, o cumprimento da sentença condenatória dá-se por execução forçada, também conhecida como execução em senso estrito ou direta.[32] Alça-se mão da técnica sub-rogatória para, sem a cooperação do executado, entregar-se quantia em dinheiro ao exeqüente.[33] Tal o modelo de tutela jurisdicional imaginada pelo legislador como sendo a adequada para viabilizar a realização do direito de crédito.[34]

Pergunta-se, porém: é possível a utilização de multa coercitiva para tutela das obrigações de pagar quantia? Acaso possível, em que circunstâncias tal se oferece viável?

Parte significativa da doutrina brasileira, atenta ao advento do Estado Constitucional e à postura de processo civil permeada pela eficácia dos direitos fundamentais que essa nova conformação de Estado impõe,[35] vem sustentando a possibilidade de empregar-se a técnica processual da multa coercitiva (*astreintes*) para tutela das obrigações de pagar quantia.[36] Nós mesmos, em outros lugares, encam-

---

[31] Nesse sentido, observa Athos Gusmão Carneiro que "a multa incide independentemente das intenções ou possibilidades do executado, pois decorre objetivamente do descumprimento da ordem de pagamento contida na sentença" (*Cumprimento da Sentença Civil*. Rio de Janeiro: Forense, 2006, p. 59); contra, Guilherme Rizzo Amaral. In: Alvaro de Oliveira, Carlos Alberto (coord.), *A Nova Execução*. Rio de Janeiro: Forense, 2006, p. 124.

[32] Conforme Araken de Assis, *Cumprimento da Sentença*. Rio de Janeiro: Forense, 2006, p. 33.

[33] Conforme Andrea Proto Pisani, *Lezioni di Diritto Processuale Civile*, 4. ed. Napoli: Jovene, 2002, p. 707.

[34] Conforme Luiz Guilherme Marinoni, *Teoria Geral do Processo*. São Paulo: Revista dos Tribunais, 2006, p. 230.

[35] Sobre a caracterização do Estado Constitucional, por todos, Gustavo Zagrebelsky, *Il Diritto Mitte – Legge, Diritti, Giustizia*, 13 ristampa. Torino: Einaudi, 2005, *passim*.

[36] Entre outros, Luiz Guilherme Marinoni, *Técnica Processual e Tutela dos Direitos*. São Paulo: Revista dos Tribunais, 2004, p. 605; Marcelo Lima Guerra, *Direitos Fundamentais e a Proteção do Credor na Execução Civil*. São Paulo: Revista dos Tribunais, 2003, p. 150/157; José Roberto dos Santos Bedaque, *Efetividade do Processo e Técnica Processual*. São Paulo: Malheiros, 2006, p. 539. De resto, a utilização de multa coercitiva para tutela das obrigações de pagar quantia é aceita no direito francês (conforme Roger Perrot, *La Coercizione per Dissuasione nel Diritto Francese*, Rivista di Diritto Processuale. Padova: Cedam, 1996, p. 665, em que há a alusão a precedente de 29 de maio de 1990 da Corte de Cassação permitindo o uso dessa técnica processual para tutela das obrigações que tenham por objeto da prestação soma em dinheiro) e nos sistemas do *common law* (em que se admite o emprego do *contempt of Court* como meio coercitivo para efetivação de prestações pecuniárias, conforme Michele Taruffo, *A Atuação Executiva dos Direitos: Perfis Comparatísticos*, Revista de Processo. São Paulo: Revista dos Tribunais, 1990, p. 77, n. 59). Outros países, no entanto, como aqueles que formam o Benelux (Bélgica, Holanda e Luxemburgo), excluem expressamente as *astreintes* para proteção das obri-

pamos essa idéia.[37] A jurisprudência mais atilada, de seu turno, igualmente não se mostra infensa à proposta.[38]

Guilherme Rizzo Amaral, no entanto, entende "perigosa"[39] essa nossa idéia, forjada com uma boa dose de "romantismo",[40] suficiente mesmo a negar "o próprio sistema como tal",[41] colocando em "estado de manifesta insegurança os litigantes"[42] e "em descrédito a lei processual".[43] Entende nosso processualista que nossa posição implica "ampliar" os poderes do juiz "para além dos limites estabelecidos pelo legislador".[44]

No fundo, bem examinada a sua argumentação, Guilherme Rizzo Amaral entende impossível a aplicação de *astreintes* sem previsão em lei para tanto. Conclui referindo, todavia, que se trata de uma "ótima sugestão, *de lege ferenda*"[45] o emprego das *astreintes* para tutela das obrigações de pagar quantia. Nessa mesma senda, e mais explícito quanto ao ponto, Eduardo Talamini ensina igualmente que é "impos-

---

gações de pagar quantia (conforme, em geral, Enzo Vullo, *L'Esecuzione Indiretta tra Italia, Francia e Unione Europea*, Rivista di Diritto Processuale. Padova: Cedam, 2004, p. 763; para um panorama específico do direito belga, vide Monica Vitali, *L'Introduzione delle astreintes in Belgio*, Rivista di Diritto Processuale. Padova: Cedam, 1983, p. 272/279; do direito holandês, Margreet B. De Boer, *Osservazioni sull'Astreinte nel Diritto Processuale Civile Olandese*, Rivista di Diritto Processuale. Padova: Cedam, 1996, p. 790/808). No direito português, prevê-se "sanção pecuniária legal" para tutela das obrigações pecuniárias (art. 829-A, n. 4, Código Civil, conforme João Calvão da Silva, *Cumprimento e Sanção Pecuniária Compulsória*, 2. ed. Coimbra: Almedina, 1997, p. 456), às vezes chamada, ainda, de "*astreinte* legal" (conforme Mario Júlio de Almeida Costa, *Direito das Obrigações*, 9. ed. Coimbra: Almedina, 2005, p. 995), no que vai excluído legalmente, portanto, o emprego de sanção pecuniária compulsória judicial para tutela dessa categoria obrigacional (conforme João Calvão da Silva, *Cumprimento e Sanção Pecuniária Compulsória*, 2. ed. Coimbra: Almedina, 1997, p. 457).

[37] Quanto à tutela definitiva das obrigações de pagar quantia, Daniel Mitidiero, *Elementos para uma Teoria Contemporânea do Processo Civil Brasileiro*. Porto Alegre: Livraria do Advogado, 2005, p. 89/90; quanto à tutela provisória das obrigações de pagar quantia, Daniel Mitidiero, *Comentários ao Código de Processo Civil*. São Paulo: Memória Jurídica Editora, 2006, p. 69/70, tomo III (arts. 270 a 331).

[38] TJ/RS, Ação Rescisória n. 599263183, rel. Des. Osvaldo Stefanello, com substancioso voto de revisão do Des. Carlos Alberto Alvaro de Oliveira. Esse acórdão, de resto, mereceu judicioso comentário de Roberto Del Claro, *A Multa Processual e o Pagamento de Quantia Certa*, Gênesis Revista de Direito Processual Civil. Curitiba: Gênesis, 2003, p. 201/215, n. 27.

[39] In: Alvaro de Oliveira, Carlos Alberto (coord.), *A Nova Execução*. Rio de Janeiro: Forense, 2006, p. 121.

[40] In: Alvaro de Oliveira, Carlos Alberto (coord.), A Nova Execução. Rio de Janeiro: Forense, 2006, p. 123.

[41] Ibidem.
[42] Ibidem.
[43] Ibidem.
[44] Ibidem.
[45] Ibidem, p. 124.

sível" o emprego dessa técnica processual, "em virtude de falta de autorização legal".[46]

Sina curiosa essa a das *astreintes*. Desde a sua gênese, com a jurisprudência francesa do início do século XIX, sofre a acusação de ser aplicada ao arrepio da lei (seria "duvidosa", pois, a sua legalidade),[47] sendo considerada, dessarte, "ilegítima e arbitrária".[48] Fora assim em França, fora assim igualmente em outros países que adotaram o seu estilo. Agora é assim no Brasil, no que concerne especificamente à sua aplicação para proteção das obrigações de pagar quantia.

Essa argumentação "legalista"[49] não deixa de convocar à lembrança a teoria dos "direitos públicos subjetivos",[50] bem ao sabor da "scienza giuridica dell'Ottocento".[51] Examinadas as coisas de perto, pugnam Guilherme Rizzo Amaral e Eduardo Talamini por um sistema típico de formas processuais para o cumprimento das obrigações pecuniárias em nosso ordenamento jurídico. Vale dizer: o problema da execução forçada dos créditos seria um problema que tem de ser resolvido em abstrato tão-somente pelo legislador infraconstitucional. Depende de lei, em suma.

Ocorre que o Estado Constitucional repugna esse tipo de abordagem do tema. A uma, porque um dos traços inequívocos do direito contemporâneo está em que esse abandona, em larga medida, a sua caracterização como *scientia juris* e passa a se assumir como *juris prudentia*,[52] como um problema prático que deve ser resolvido de

---

[46] *Tutela Relativa aos Deveres de Fazer e de Não Fazer*. São Paulo: Revista dos Tribunais, 2001, p. 469.

[47] Como relata João Calvão da Silva, *Cumprimento e Sanção Pecuniária Compulsória*, 2. ed. Coimbra: Coimbra Editora, 1997, p. 376.

[48] Como noticia Enzo Vullo, *L'Esecuzione Indiretta tra Italia, Francia e Unione Europea*, Rivista di Diritto Processuale. Padova: Cedam, 2004, p. 743.

[49] A apreciação é de Marcelo Lima Guerra, *Direitos Fundamentais e a Proteção do Credor na Execução Civil*. São Paulo: Revista dos Tribunais, 2003, p. 150.

[50] Não por acaso, Jorge Miranda recusa a terminologia "direitos subjetivos públicos" para designar os "direitos fundamentais" (*Manual de Direito Constitucional*, 3. ed. Coimbra: Coimbra Editora, 2000, p. 58, tomo IV). E justifica: "assim como o conceito e a expressão *direitos do homem* podem ficar vinculados a um jusracionalismo insatisfatório, também o conceito e a locução *direitos subjectivos públicos* se reportam a uma visão positivista e estatista que os amarra e condiciona. Nenhum valor dir-se-ia lhes subjazer, não se realça o sentido de autonomia das pessoas e, pelo contrário, prevalece a idéia de soberania (ainda que trabalhada juridicamente)" (*Manual de Direito Constitucional*, 3. ed. Coimbra: Coimbra Editora, 2000, p. 57, tomo IV).

[51] Gustavo Zagrebelsky, *Il Diritto Mitte – Legge, Diritti, Giustizia*, 13. ristampa. Torino: Einaudi, 2005, p. 57.

[52] Conforme Gustavo Zagrebelsky, *Il Diritto Mitte – Legge, Diritti, Giustizia*, 13. ristampa. Torino: Einaudi, 2005, p. 167/173.

maneira dialogal e cooperativa dentro do processo;[53] a duas, porquanto a eficácia imediata dos direitos fundamentais acomete àqueles que participam do processo o dever de construir uma ação adequada à tutela do caso concreto debatido em juízo,[54] controlando-se inclusive, em sendo o caso, a omissão ou a insuficiência da tutela ofertada pelo legislador infraconstitucional;[55] a três, porque a colisão entre os valores da segurança e da efetividade, a fim de que se desenhe um processo justo, é uma empresa que só promete êxito se mirada em concreto.[56]

Tendo em conta essas observações, parece-nos demasiado simplista relegar o problema da tutela jurisdicional das obrigações de pagar quantia ao cômodo e (então incontrolável) alvedrio do legislador infraconstitucional. Haja vista que o Estado tem um verdadeiro dever geral de proteção dos direitos fundamentais,[57] é vedada a insuficiência de proteção desses direitos,[58] sendo natural que se possibilite ao órgão jurisdicional o controle da adequação da proteção outorgada pelo legislador infraconstitucional a essa ou àquela situação material.[59]

Quer tudo isso indicar: aferindo-se a ineficiência, no caso concreto, do binômio condenação-execução forçada, está o órgão jurisdicional autorizado, evidentemente motivando a sua decisão, a empregar mandamento para tutela das obrigações de pagar quantia, sendo-lhe

---

[53] Conforme, por uma vez mais, Gustavo Zagrebelsky, *Il Diritto Mitte – Legge, Diritti, Giustizia*, 13. ristampa. Torino: Einaudi, 2005, p. 203/207. Esse recurso ao direito "ragionevole", ademais, denota uma significativa aproximação da família romano-canônica com o sistema do "case law", notada por Zagrebelsky e sublinhada por muitos outros autores contemporâneos (por todos, Alessandro Pizzorusso, *Sistemi Giuridici Comparati*, 2. ed. Milano: Giuffrè, 1998, p. 377/381). Nesse mesmo sentido, na doutrina brasileira, Juarez Freitas, *A Interpretação Sistemática do Direito*, 4. ed. São Paulo: Malheiros, 2004, p. 280. Ademais, sobre a impostação do direito como uma ciência prática e sobre a colocação desse no esquema do "Estado dos Direitos", consulte-se Emílio Santoro, *Estado de Direito e Interpretação – Por uma Concepção Jusrealista e Antiformalista do Estado de Direito*, tradução de Maria Carmela Juan Buonfiglio e Giuseppe Tosi. Porto Alegre: Livraria do Advogado, 2005, p. 53 e seguintes.

[54] Conforme, por todos, Luiz Guilherme Marinoni, *Teoria Geral do Processo*. São Paulo: Revista dos Tribunais, 2006, p. 203/204.

[55] Ibidem, p. 113 e seguintes.

[56] Conforme, por todos, Carlos Alberto Alvaro de Oliveira, *O Processo Civil na Perspectiva dos Direitos Fundamentais*. In: Alvaro de Oliveira, Carlos Alberto (org.), Processo e Constituição. Rio de Janeiro: Forense, 2004, p. 15.

[57] Ingo Wolfgang Sarlet, *A Eficácia dos Direitos Fundamentais*, 4. ed. Porto Alegre: Livraria do Advogado, 2004, p. 159, nota de rodapé n. 389. Existe, de conseguinte, direito à proteção desses mesmos direitos, ao menos dentro do Estado Constitucional brasileiro, conforme Virgílio Afonso da Silva, *A Constitucionalização do Direito*. São Paulo: Malheiros, 2005, p. 146.

[58] Claus-Wilhelm Canaris, *Direitos Fundamentais e Direito Privado*, tradução de Ingo Wolfgang Sarlet e Paulo Mota Pinto, reimpressão. Coimbra: Almedina, 2006, p. 124.

[59] Ibidem.

possível, dessarte, ordenar sob pena de multa coercitiva (exercendo-se, assim, uma "coação atual" sobre a vontade do demandado).[60]

Isso quanto à possibilidade do emprego da multa coercitiva, em tese, para a tutela das obrigações de pagar quantia. Agora, assente a plena operabilidade da técnica processual multa coercitiva, cumpre examinar as hipóteses em que tem cabida, em concreto, ordem coadjuvada por *astreintes* para o pagamento de soma em dinheiro.

Sustenta Marcelo Lima Guerra que "não há nenhuma razão para se dispensar um tratamento privilegiado aos credores de obrigações de fazer ou não fazer, em relação aos demais. Revela-se, assim, *anti-isonômico* que o credor de obrigações de fazer ou não fazer possa receber tutela executiva de modo mais eficaz, com a utilização de meios executivos adequados à situação concreta e concebidos pelo juiz caso a caso. Impõe-se, portanto, também em face do *princípio constitucional da isonomia* (igualmente dotado do *status* de *direito fundamental*) a extensão dos poderes reconhecidos ao juiz no mencionado parágrafo 5º do art. 461 do CPC, a *toda e qualquer situação de tutela executiva, independentemente da natureza do crédito a ser satisfeito* in executivis".[61] Nesse mesmo sentido, registra igualmente José Roberto dos Santos Bedaque: "não se vislumbra razão para a multa ficar restrita às obrigações de fazer, não-fazer e de dar".[62]

Não nos parece, contudo, tenham razão nossos processualistas. As formas de tutela jurisdicional não são organizadas de modo arbitrário pelo legislador.[63] Nem poderiam sê-lo. São pensadas em função de valores.[64] Quando o nosso Código de Processo Civil destina, *a priori*,

---

[60] A expressão é de Darci Ribeiro, *La Pretensión Procesal y la Tutela Judicial Efectiva*. Barcelona: Bosch, 2004, p. 196.

[61] *Direitos Fundamentais e a Proteção do Credor na Execução Civil*. São Paulo: Revista dos Tribunais, 2003, p. 152.

[62] *Efetividade do Processo e Técnica Processual*. São Paulo: Malheiros, 2006, p. 539.

[63] Conforme Carlos Alberto Alvaro de Oliveira, *O Problema da Eficácia da Sentença*. In: Amaral, Guilherme Rizzo e Machado, Fábio Cardoso (orgs.), Polêmica sobre a Ação – A Tutela Jurisdicional na Perspectiva das Relações entre Direito e Processo. Porto Alegre: Livraria do Advogado, 2006, p. 51.

[64] Lapidar a lição de Carlos Alberto Alvaro de Oliveira quanto ao ponto: para organização das formas de tutela jurisdicional (declaratória, constitutiva, condenatória, mandamental e executiva), sobrelevam os valores liberdade (princípio da demanda ou dispositivo em sentido material), igualdade (princípio da adequação), segurança e efetividade (conforme *Efetividade e Tutela Jurisdicional*. In: Amaral, Guilherme Rizzo e Machado, Fábio Cardoso (orgs.), Polêmica sobre a Ação – A Tutela Jurisdicional na Perspectiva das Relações entre Direito e Processo. Porto Alegre: Livraria do Advogado, 2006, p. 106). São esses valores que vocacionam os provimentos jurisdicionais a atender a essa ou àquela crise no plano do direito material, adequando-os para

a sentença condenatória como meio idôneo para tutela das obrigações de pagar quantia, vai implicada nessa eleição uma escolha irremediavelmente axiológica. Tal a razão para o tratamento diferenciado emprestado pela ordem jurídica a essa ou àquela situação de direito material.

Há cumprimento da sentença por execução forçada em tema de obrigação de pagar quantia porquanto se está a agredir patrimônio alheio.[65] Busca-se algo que está conforme a direito na esfera jurídica do executado para expropriação e redução em pecúnia. Evidentemente, aí, tem-se que cercar o demandado de um procedimento que lhe permita discutir eventuais matérias quanto à atividade executiva em si (impenhorabilidade, excesso de execução *et coetera*, art. 475-L, CPC).[66] Prepondera, portanto, o valor segurança jurídica em detrimento do valor efetividade,[67] tendo o legislador efetuado a concordância prática desses valores em abstrato.[68]

---

melhor concretizar o desiderato a que se destinam. Tal é a postura de processo sugerida pelo formalismo-valorativo: formalismo processual como ponto de encontro de direitos fundamentais que institucionalizam valores no tecido do processo (sobre o formalismo-valorativo como método de pensamento, vide Daniel Mitidiero, *Elementos para uma Teoria Contemporânea do Processo Civil Brasileiro*. Porto Alegre: Livraria do Advogado, 2005, p. 19 e seguintes; para uma aplicação concreta do conceito, vide Carlos Alberto Alvaro de Oliveira, *Formalismo-Valorativo no Confronto com o Formalismo Excessivo*, Revista de Processo. São Paulo: Revista dos Tribunais, 2006, n. 137, *passim*). Esclareça-se, por oportuno, que o conceito de "formalismo-valorativo" como método de pensamento e projeto de reforma de nosso direito processual civil emerge naturalmente da obra *Do Formalismo no Processo Civil*, de Carlos Alberto Alvaro de Oliveira, sendo que a expressão fora cunhada pelo mesmo no ano de 2004, em seminários realizados no âmbito do Programa de Pós-graduação em Direito (Mestrado e Doutorado) da Faculdade de Direito da Universidade Federal do Rio Grande do Sul.

[65] Conforme Pontes de Miranda, *Tratado das Ações*. São Paulo: Revista dos Tribunais, 1978, p. 21, tomo VII: "Nas ações executivas pessoais", escreve Pontes, "a posição do demandado é a de quem sofre a execução, por *sair* do seu patrimônio o bem com que se satisfaz a pretensão oriunda do título executivo"; nesse sentido, ainda, Ovídio Araújo Baptista da Silva, *Sentença Mandamental*. In: Sentença e Coisa Julgada, 4. ed. Rio de Janeiro: Forense, 2003, p. 48/49. Sobre o assunto, ainda, Daniel Mitidiero, *Comentários ao Código de Processo Civil*. São Paulo: Memória Jurídica Editora, 2004, p. 105/106, tomo I (arts. 1º a 153).

[66] Sobre a defesa do executado no cumprimento da sentença que condena ao pagamento de quantia, vide Danilo Knijnik. In: Alvaro de Oliveira, Carlos Alberto (coord.), *A Nova Execução*. Rio de Janeiro: Forense, 2006, p. 145 e seguintes. Vide, ainda, Dorival Renato Pavan, *Comentários às Leis ns. 11.187 e 11.232, de 2005*. São Paulo: Pillares, 2006, p. 150 e seguintes.

[67] Conforme Carlos Alberto Alvaro de Oliveira, *O Problema da Eficácia da Sentença*. In: Amaral, Guilherme Rizzo e Machado, Fábio Cardoso (orgs.), Polêmica sobre a Ação – A Tutela Jurisdicional na Perspectiva das Relações entre Direito e Processo. Porto Alegre: Livraria do Advogado, 2006, p. 53.

[68] Tendo em conta o postulado da unidade da Constituição, ambos os valores são realizados simultaneamente, apenas, aí, com intensidades distintas, conforme Konrad Hesse, *Elementos de Direito Constitucional da República Federal da Alemanha*, tradução de Luís Afonso Heck. Porto Alegre: Sergio Antonio Fabris Editor, 1998, p. 66.

A situação é absolutamente distinta do que ocorre, por exemplo, quando se tem o cumprimento da sentença executiva *lato sensu* para tutela de uma obrigação de entrega de coisa, em que se admite *a priori* multa coercitiva (art. 461-A, § 3º, CPC). A situação no plano do direito material é diferente: busca-se um bem que está, na esfera jurídica do executado, de maneira contrária a direito.[69] Toca ao órgão jurisdicional, portanto, apenas apreendê-lo ou autorizar a imissão na posse do mesmo (art. 461-A, § 2º, CPC). O bem já está desde logo individualizado. Prepondera, nesse caso, o valor efetividade do processo.

O postulado normativo da igualdade,[70] nesse caso, vai atendido justamente porque existe a diferenciação entre essas duas situações: quando tenho de agredir patrimônio alheio para satisfação do demandante, prepondera o valor segurança, dando-se o cumprimento pelo modelo condenação-execução forçada (art. 475-J, CPC); quando, *aliter*, a atividade executiva esgota-se com a emissão de mandado de busca apreensão ou imissão na posse de bem já individualizado e previamente acertado, prepondera o valor efetividade, seguindo o cumprimento pela execução *lato sensu* (art. 461-A, CPC). O *critério da diferenciação* é estar ou não o bem, objeto da atividade executiva, de maneira conforme ou contrária a direito na esfera jurídica do demandado; a *finalidade da distinção* está em, a partir daí, estruturarem-se procedimentos que comportem uma anchura maior ou menor de discussão a respeito daquilo que se tem de levar a efeito para cumprir o preceituado em sentença. A *congruência do critério em razão do fim* está em que, com essa discriminação, atende-se à realização da igual-

---

[69] Conforme Pontes de Miranda, *Comentários ao Código de Processo Civil*, 2. ed. Rio de Janeiro: Forense, 2002, p. 375, tomo X: "quem reivindica, em ação, pede que se apanhe e retire a coisa, que está, contrariamente a direito, na esfera jurídica do demandado, e se lhe entregue (Nas ações de condenação e executiva por créditos, não se dá o mesmo: os bens estão na esfera jurídica do demandado, acorde com o direito; porque o demandado deve, há a condenação dele e a execução que é retirada do bem, que está numa esfera jurídica, para outra esfera jurídica, a fim de satisfazer o crédito; portanto, modifica-se a linha discriminativa das duas esferas)"; nesse sentido, ainda, Ovídio Araújo Baptista da Silva, *Sentença Mandamental*. In: Sentença e Coisa Julgada, 4. ed. Rio de Janeiro: Forense, 2003, p. 48/49. Sobre o assunto, ainda, Daniel Mitidiero, *Comentários ao Código de Processo Civil*. São Paulo: Memória Jurídica Editora, 2004, p. 105/106, tomo I (arts. 1º a 153).

[70] Consoante Humberto Ávila (*Teoria dos Princípios – Da Definição à Aplicação dos Princípios Jurídicos*, 2. ed. São Paulo: Malheiros, 2003, p. 93), a igualdade pode funcionar como regra ("prevendo a proibição de tratamento discriminatório"), como princípio ("instituindo um estado igualitário como fim a ser promovido") ou como postulado normativo ("estruturando a aplicação do Direito em função de elementos (critério de diferenciação e finalidade da distinção) e da relação entre eles (congruência do critério em razão do fim)"). No presente passo, estamos a utilizar a idéia de igualdade como um postulado normativo específico.

dade no processo, destinando-se às distintas situações de direito material diferentes formas de tutela jurisdicional.

Portanto, não havendo nenhuma peculiaridade no caso levado a juízo, capaz de sugerir a inadequação do binômio condenação-execução forçada, segue-se o rito do art. 475-J, CPC. A multa a ser empregada é a punitiva, seguindo-se o procedimento com penhora e demais atos executivos.

É claro, todavia, que algo de especial pode ocorrer no caso concreto que revele a necessidade de empregar-se ordem sob pena de multa coercitiva para tutela das obrigações de pagar quantia. Agora, não havendo motivo suficiente, denotado no caso levado a juízo, a sustentar o emprego da tutela diversa da predestinada em lei, aplica-se o modelo já predeterminado em abstrato pela legislação como sendo o adequado a socorrer essa situação carente de proteção jurisdicional.

Surge, então, a pergunta: precisamente o que leva à possibilidade do emprego de multa coercitiva para o cumprimento de sentença que tem por objeto soma em dinheiro? Qual o critério deve ser observado a fim de que o órgão jurisdicional não pratique nenhuma arbitrariedade ao variar o modelo legal?

Ante o caso concreto, tem o órgão jurisdicional de aferir se a técnica processual destinada pelo legislador infraconstitucional para tutela do direito oriundo de obrigação pecuniária é "eficaz e apropriada".[71] Em outras palavras, tem-se que verificar se a técnica expropriatória "satisfaz as exigências mínimas", no que concerne à sua "eficiência",[72] para tutela da *res in iudicium deducta*. Se não satisfaz, então é porque a previsão legal é inadequada para proteção daquele caso em específico, e deve ser desconsiderada.

Ensina a doutrina que "uma regra é aplicável a um caso se, e somente se, suas condições são satisfeitas e sua aplicação não é excluída pela razão motivadora da própria regra".[73] O raciocínio aí implicado denota a necessidade de examinar-se a razoabilidade da aplicação do binômio condenação-execução forçada, alçando-se mão da razoabili-

---

[71] Conforme, por todos, Claus-Wilhelm Canaris, *Direitos Fundamentais e Direito Privado*, tradução de Ingo Wolfgang Sarlet e Paulo Mota Pinto. Porto Alegre: Livraria do Advogado, 2006, p. 123.

[72] Ibidem.

[73] Humberto Ávila, *Teoria dos Princípios – Da Definição à Aplicação dos Princípios Jurídicos*, 2. ed. São Paulo: Malheiros, 2003, p. 97/98.

dade na sua acepção de razoabilidade como eqüidade.[74] Evidentemente, a motivação do art. 475-J, CPC, está em possibilitar a prestação de uma tutela adequada e efetiva às obrigações de pagar quantia.[75] Se tal não se dá, por inadequação desse expediente processual, a regra não pode ser aplicada.

Uma vez que esteja demonstrada a não-aplicação do procedimento dos arts. 475-J e seguintes, CPC, à espécie, o que indubitavelmente passa pela motivação dessa superação legal na decisão, cumpre ao órgão jurisdicional examinar se o emprego de ordem sob pena de multa coercitiva se oferece ou não aplicável ao caso concreto. Tal exame requer um juízo a respeito da proporcionalidade da aplicação dessa forma de tutela jurisdicional.[76]

Entre a técnica processual aplicável a determinado caso e a tutela jurisdicional objetivada existe uma inequívoca relação de meio e fim.[77] Assim é, por exemplo, que a condenação, seguida de execução forçada, é o meio pelo qual se pode alcançar o fim tutela do direito de crédito. Ao fazer a ligação entre condenação, execução forçada e ressarcimento, o legislador infraconstitucional sopesou a adequação entre o meio e o fim, a necessidade do meio e a proporcionalidade em sentido estrito entre a realização do fim e a intensidade da restrição aos direitos fundamentais das partes.[78]

A mesma atividade se exige do juiz para variação do meio a ser empregado para obtenção da tutela das obrigações pecuniárias. Tem de

---

[74] Humberto Ávila, *Teoria dos Princípios – Da Definição à Aplicação dos Princípios Jurídicos*, 2. ed. São Paulo: Malheiros, 2003, p. 97/98.

[75] Conforme, por todos, Luiz Guilherme Marinoni, *Teoria Geral do Processo*. São Paulo: Revista dos Tribunais, 2006, p. 230.

[76] Para uma aplicação específica da proporcionalidade no direito processual civil brasileiro, consulte-se, por todos, Gisele Santos Fernandes Góes, *Princípio da Proporcionalidade no Processo Civil*. São Paulo: Saraiva, 2004, *passim*.

[77] Aplicável, portanto, o postulado normativo aplicativo da proporcionalidade, conforme Humberto Ávila, *Teoria dos Princípios – Da Definição à Aplicação dos Princípios Jurídicos*, 2. ed. São Paulo: Malheiros, 2003, p. 105.

[78] Realizou, pois, o triplo exame inerente à proporcionalidade: o exame da adequação (que exige "uma relação empírica entre o meio e o fim: o meio deve levar à realização do fim"), o exame da necessidade (que exige a "verificação da existência de meios que sejam alternativos àquele inicialmente escolhido pelo Poder Legislativo ou Poder Executivo, e que possam promover igualmente o fim sem restringir, na mesma intensidade, os direitos fundamentais afetados") e o exame da proporcionalidade em sentido estrito (que exige a "comparação entre a importância da realização do fim e a intensidade da restrição aos direitos fundamentais"), conforme Humberto Ávila, *Teoria dos Princípios – Da Definição à Aplicação dos Princípios Jurídicos*, 2. ed. São Paulo: Malheiros, 2003, p. 108/117.

demonstrar, na motivação da decisão, as razões pelas quais naquela circunstância em específico (a) mostra-se adequado ordenar sob pena de multa coercitiva (deve justificar por que esse meio leva à realização do fim), (b) oferece-se necessário ordenar sob pena de multa coercitiva (tem de justificar por que esse meio é imprescindível para a ótima realização do fim) e (c) revela-se proporcional ordenar sob pena de multa coercitiva (precisa apontar a razão pela qual o alcance do fim fundamenta uma maior restrição à defesa daquele que deve cumprir a ordem). Uma vez realizada essa valoração, e devidamente motivada, legitima-se o emprego da multa coercitiva para tutela das obrigações de pagar quantia.

Conclusões

Vencida a ideologia de que "*il diritto si risolve nelle leggi dello Stato*",[79] própria daquilo que muito adequadamente já se chamou de "*mondo della sicurezza*",[80] cuja forma histórica de legislação é a forma-Código (com a sua indisfarçável marca de "auto-suficiência" – "completude e coerência"[81]), temos de levar a sério a idéia de Estado Constitucional, concretizando cotidianamente os direitos fundamentais e reconhecendo que o direito, nessa quadra histórica, espraia-se para além do círculo da legalidade estatal, buscando a sua unidade, suas potencialidades e seus limites nos valores e nas normas constitucionais.[82] A possibilidade do emprego de multa coercitiva para tutela das obrigações pecuniárias, tal como apontada no texto, representa uma tentativa de leitura constitucional de nosso direito processual civil, de nosso formalismo processual, orientada pela eficácia dos direitos fundamentais. Trata-se de um exemplo. Outros estão por aí, aqui e ali, à espera – cumpre encontrá-los.

---

[79] Natalino Irti, *L'Età della Decodificazione*. Milano: Giuffrè, 1979, p. 5.
[80] Ibidem, p. 3.
[81] Natalino Irti, *Idea del Codice Civile*. In: Codice Civile e Società Politica, 7. ed. Roma: Laterza, 2005, p. 32.
[82] Tal o "compito unificatore della Costituzione" no Estado Constitucional, conforme Gustavo Zagrebelsky, *Il Diritto Mitte – Legge, Diritti, Giustizia*, 13. ristampa. Torino: Einaudi, 2005, p. 47/49.

Referências Bibliográficas

ALEXY, Robert. *Teoría de los Derechos Fundamentales*. Tradução de Ernesto Garzón Valdés. Madrid: Centro de Estudios Políticos y Constitucionales, 2002.

ALMEIDA COSTA, Mario Júlio. *Direito das Obrigações*. 9. ed. Coimbra: Almedina, 2005.

ALVARO DE OLIVEIRA, Carlos Alberto. *Do Formalismo no Processo Civil*. 2. ed. São Paulo: Saraiva, 2003.

─────. Efetividade e Processo de Conhecimento. In: *Do Formalismo no Processo Civil*, 2. ed.. São Paulo: Saraiva, 2003.

─────. O Processo Civil na Teoria dos Direitos Fundamentais. In: ALVARO DE OLIVEIRA, Carlos Alberto (org.). *Processo e Constituição*. Rio de Janeiro: Forense, 2004.

─────. O Problema da Eficácia da Sentença. In: AMARAL, Guilherme Rizzo e MACHADO, Fábio Cardoso (orgs.), *Polêmica sobre a Ação – A Tutela Jurisdicional na Perspectiva das Relações entre Direito e Processo*. Porto Alegre: Livraria do Advogado, 2006.

─────. Efetividade e Tutela Jurisdicional. In: AMARAL, Guilherme Rizzo e MACHADO, Fábio Cardoso (orgs.), *Polêmica sobre a Ação – A Tutela Jurisdicional na Perspectiva das Relações entre Direito e Processo*. Porto Alegre: Livraria do Advogado, 2006.

─────. *O Formalismo-Valorativo no Confronto com o Formalismo Excessivo*. Revista de Processo. São Paulo: Revista dos Tribunais, 2006, n. 137.

─────, (coord.). *A Nova Execução – Comentários à Lei n. 11.232, de 22 de dezembro de 2005*. Rio de Janeiro: Forense, 2006.

AMARAL, Guilherme Rizzo. In: ALVARO DE OLIVEIRA, Carlos Alberto (coord.), *A Nova Execução*. Rio de Janeiro: Forense, 2006.

ANDOLINA, Italo. *"Cognizione" ed "Esecuzione Forzata" nel Sistema della Tutela Giurisdizionale*. Milano: Giuffrè, 1983.

ANDRADE, José Carlos Vieira de. *Os Direitos Fundamentais na Constituição Portuguesa de 1976*. 2. ed. Coimbra: Almedina, 2001.

AMORIM, Daniel. *Reforma do CPC*. São Paulo: Revista dos Tribunais, 2006, em co-autoria com Glauco Ramos, Rodrigo da Cunha Lima Freire e Rodrigo Mazzei.

ASSIS, Araken de. *Cumprimento da Sentença*. Rio de Janeiro: Forense, 2006.

ÁVILA, Humberto. *Teoria dos Princípios – Da Definição à Aplicação dos Princípios Jurídicos*. 2. ed. São Paulo: Malheiros, 2003.

BAPTISTA DA SILVA, Ovídio Araújo. *Jurisdição e Execução na Tradição Romano-Canônica*. 2. ed. São Paulo: Revista dos Tribunais, 1997.

─────. Sentença Mandamental. In: *Sentença e Coisa Julgada*, 4. ed.. Rio de Janeiro: Forense, 2003.

─────. *Processo e Ideologia – O Paradigma Racionalista*. Rio de Janeiro: Forense, 2004.

BEDAQUE, José Roberto dos Santos. *Efetividade do Processo e Técnica Processual*. São Paulo: Malheiros, 2006.

CALAMANDREI, Piero. *Introduzione allo Studio Sistematico dei Provvedimenti Cautelari*. Padova: Cedam, 1936.

CALVÃO DA SILVA, João. *Cumprimento e Sanção Pecuniária Compulsória*. 2. ed. Coimbra: Coimbra, 1997.

CANARIS, Claus-Wilhelm. *Direitos Fundamentais e Direito Privado*, tradução de Ingo Wolfgang Sarlet e Paulo Mota Pinto, reimpressão. Coimbra: Almedina, 2006.

CANOTILHO, José Joaquim Gomes. *Direito Constitucional e Teoria da Constituição*. 3. ed. Coimbra: Almedina, 1999.

CAPPELLETTI, Mauro. *Le Garanzie Costituzionali delle Parti nel Processo Civile Italiano*. In: Giustizia e Società. Milano: Edizione di Comunità, 1977.

———; GARTH, Bryan. *The Constitutionalization and Internationalization of Civil Procedure*. In: International Encyclopedia of Comparative Law, 1978, vol. XVI, chapter 1.

CARNEIRO, Athos Gusmão. *Cumprimento da Sentença Civil*. Rio de Janeiro: Forense, 2006.

CARPI, Federico. *Dal Riconoscimento delle Decisioni all'Esecuzione Automativa*. Rivista di Diritto Processuale. Padova: Cedam, 2005.

COMOGLIO, Luigi Paolo. *La Garanzia Costituzionale dell'Azione ed il Processo Civile*. Padova: Cedam, 1970.

———. I Modelli di Garanzia Costituzionale del Processo. *Rivista Trimestrale di Diritto e Procedura Civile*. Milano: Giuffrè, 1991.

———. Principi Costituzionali e Processo di Esecuzione. *Rivista di Diritto Processuale*. Padova: Cedam, 1994.

———. Valori Etici e Ideologie del "Giusto Processo" (Modelli a Confronto). *Rivista Trimestrale di Diritto e Procedura Civile*. Milano: Giuffrè, 1998.

CORDEIRO, António Menezes. *Introdução à Edição Portuguesa de Pensamento Sistemático e Conceito de Sistema na Ciência do Direito, de Claus-Wilhelm Canaris*. Lisboa: Fundação Calouste Gulbenkian, 2002.

COUTURE, Eduardo Juan. Las Garantías Constitucionales del Proceso Civil. In: *Estudios de Derecho Procesal Civil*. Buenos Aires: Ediar Editores, 1948, tomo I.

DE BOER, Margreet B. Osservazioni sull'Astreinte nel Diritto Processuale Civile Olandese. *Rivista di Diritto Processuale*. Padova: Cedam, 1996.

DEL CLARO, Roberto. A Multa Processual e o Pagamento de Quantia Certa. Gênesis *Revista de Direito Processual Civil*. Curitiba: Gênesis, 2003, n. 27

DIDIER JÚNIOR, Fredie. Sobre Dois Importantes, e Esquecidos, Princípios do Processo: Adequação e Adaptabilidade do Procedimento. *Revista da Ajuris*. Porto Alegre, 2001, n. 83, tomo I.

FINZI, Enrico. Comentário à decisão de 31 de janeiro de 1925 da Corte de Apelação de Florença, *Rivista di Diritto Processuale Civile*. Padova: Cedam, 1926, vol. III, parte II.

FREITAS, Juarez. *A Interpretação Sistemática do Direito*. 4. ed. São Paulo: Malheiros, 2004.

GÓES, Gisele Santos Fernandes. *Princípio da Proporcionalidade no Processo Civil*. São Paulo: Saraiva, 2004.

GUERRA, Marcelo Lima. *Direitos Fundamentais e a Proteção do Credor na Execução Civil*. São Paulo: Revista dos Tribunais, 2003.

HESSE, Konrad. *Elementos de Direito Constitucional da República Federal da Alemanha*, tradução de Luís Afonso Heck. Porto Alegre: Sergio Antonio Fabris Editor, 1998.

IRTI, Natalino. *L'Età della Decodificazione*. Milano: Giuffrè, 1979.

——. Idea del Codice Civile. In: *Codice Civile e Società Politica*, 7. ed. Roma: Laterza, 2005.

KNIJNIK, Danilo. In: ALVARO DE OLIVEIRA, Carlos Alberto (coord.), *A Nova Execução*. Rio de Janeiro: Forense, 2006.

LA CHINA, Sergio. Giusto Processo, Laboriosa Utopia. *Rivista di Diritto Processuale*. Padova: Cedam, 2005.

LACERDA, Galeno. *O Código como Sistema Legal de Adequação do Processo*. Revista do Instituto dos Advogados do Rio Grande do Sul – Comemorativa do Cinqüentenário. Porto Alegre, s/ed., 1976.

LIEBMAN, Enrico Tullio. *Diritto Costituzionale e Processo Civile*. In: Problemi del Processo Civile. Napoli: Morano Editore, 1962.

MARINONI, Luiz Guilherme. *O Direito à Efetividade da Tutela Jurisdicional na Perspectiva da Teoria dos Direitos Fundamentais*. Gênesis Revista de Direito Processual Civil. Curitiba: Gênesis, 2003, n. 28.

——. *Técnica Processual e Tutela dos Direitos*. São Paulo: Revista dos Tribunais, 2004.

——. *Teoria Geral do Processo*. São Paulo: Revista dos Tribunais, 2006.

MARTINS-COSTA, Judith. *Comentários ao Novo Código Civil*. 2. ed. Rio de Janeiro: Forense, 2005, vol. V, tomo I.

MIRANDA, Jorge. *Manual de Direito Constitucional*. 3. ed. Coimbra: Coimbra Editora, 2000, tomo IV.

MITIDIERO, Daniel. *Comentários ao Código de Processo Civil*. São Paulo: Memória Jurídica Editora, 2004, tomo I (arts. 1º a 153).

——. *Elementos para uma Teoria Contemporânea do Processo Civil Brasileiro*. Porto Alegre: Livraria do Advogado, 2005.

——. *Comentários ao Código de Processo Civil*. São Paulo: Memória Jurídica Editora, 2006, tomo III (arts. 270 a 331).

PAVAN, Dorival Renato. *Comentários às Leis ns. 11.187 e 11.232, de 2005*. São Paulo: Pillares, 2006.

PERROT, Roger. *La Coercizione per Dissuasione nel Diritto Francese*. Rivista di Diritto Processuale. Padova: Cedam, 1996.

PICARDI, Nicola. *Appunti di Diritto Processuale Civile – I Processi Speciali, Esecutivi e Cautelari*. Milano: Giuffrè, 2002.

——. *La Vocazione del Nostro Tempo per la Giurisdizione*. Rivista Trimestrale di Diritto e Procedura Civile. Milano: Giuffrè, 2004.

PIZZORUSSO, Alessandro. *Sistemi Giuridici Comparati*. 2. ed. Milano: Giuffrè, 1998.

PONTES DE MIRANDA, Francisco Cavalcanti. *Tratado das Ações*. São Paulo: Revista dos Tribunais, 1978, tomo VII.

Gráfica
METRÓPOLE
www.graficametropole.com.br
comercial@graficametropole.com.br
tel./fax + 55 (51) 3318.6355